HIRBIS GIROLLI

GANHE MAIS& GASTE BEM& POUPE CERTO& INVISTA MELHOR

O Método das 4 Bases® para ter controle e crescimento financeiro em 30 dias

Diretora
Rosely Boschini

Gerente Editorial Sênior
Rosângela de Araujo Pinheiro Barbosa

Editora Sênior
Audrya Oliveira

Assistente Editorial
Mariá Moritz Tomazoni

Produção Gráfica
Leando Kulaif

Edição de Texto
Wélida Muniz

Preparação
Gabrielle Carvalho

Capa
Caio Duarte Capri

Projeto Gráfico
Márcia Nickel

Adaptação e Diagramação
Gisele Baptista de Oliveira

Revisão
Carlos Silva

Ilustrações
Plinio Ricca

Impressão
Assahi

CARO(A) LEITOR(A),
Queremos saber sua opinião sobre nossos livros.
Após a leitura, siga-nos no **linkedin.com/company/editora-gente**,
no TikTok **@editoragente**
e no Instagram **@editoragente**,
e visite-nos no site **www.editoragente.com.br**.
Cadastre-se e contribua com sugestões, críticas ou elogios.

Copyright © 2024 by Hirbis Girolli
Todos os direitos desta edição são reservados à Editora Gente.
R. Dep. Lacerda Franco, 300 – Pinheiros
São Paulo - SP, 05418-000
Telefone: (11) 3670-2500
Site: www.editoragente.com.br
E-mail: gente@editoragente.com.br

Dados Internacionais de Catalogação na Publicação (CIP)
Angélica Ilacqua CRB-8/7057

Girolli, Hirbis
  Ganhe mais, gaste bem, poupe certo e invista melhor / Hirbis Girolli. - São Paulo : Autoridade, 2024.
  208 p.

ISBN 978-65-6107-010-2

1. Finanças pessoais I. Título

24-2410   CDD 332.024

Índices para catálogo sistemático:
1. Finanças pessoais

Este livro foi impresso pela gráfica Assahi em papel lux cream 70 g/m² em agosto de 2024.

NOTA DA PUBLISHER

Nestas páginas, Hirbis Girolli nos presenteia com o que acredito ser um conhecimento essencial para toda pessoa que deseja viver com tranquilidade em todos os momentos da vida, ao menos sob a ótica financeira. Aqui, você não encontrará apenas um modo de enxergar as finanças pessoais, mas um guia completo para alcançar o tão almejado bem-estar financeiro. Com uma abordagem prática e embasada em anos de pesquisa e cases de sucesso, o autor nos conduz por uma jornada de autoconhecimento e transformação da nossa relação com o dinheiro.

Especialista na área, Girolli possui a habilidade de desmistificar o conceito de que a prosperidade financeira é reservada a poucos, revelando que a chave para o sucesso está em entender o nosso "cérebro financeiro", capacitando qualquer pessoa a criar um plano personalizado que se alinhe ao seu perfil psicológico. Afinal, quando pensamos em economia, por mais que envolva números, estamos diante de uma habilidade humana que deve levar em conta todo o fator comportamental do indivíduo em sua abordagem, ou seja, é preciso um caminho personalizado para que você, eu e todo mundo encontremos uma vida financeira verdadeiramente estabilizada, e isso independe de renda.

Assim, este livro é um convite para quebrarmos o ciclo do aperto financeiro e construirmos um futuro de liberdade e realização. Se você busca uma vida mais próspera e está disposto a trilhar um caminho de aprendizado e crescimento, esta obra é para você.

Com a leitura de *Ganhe mais, gaste bem, poupe certo e invista melhor*, você dará o primeiro passo em direção a uma vida financeira mais saudável e equilibrada. Prepare-se para transformar sua mentalidade, conquistar seus objetivos e alcançar a prosperidade que merece.

Faça uma boa leitura,

ROSELY BOSCHINI
CEO e Publisher da Editora Gente

Dedico este trabalho a um grupo de mulheres especiais para mim: **Maria Antônia Monteiro, Sylvia Loureiro, Ana Custódio, Renata Russo Girolli** e **Rosana Xavier**. Além de muito importantes em vários aspectos da minha vida, todas são excelentes financistas, cada uma com o seu estilo.

AGRADECIMENTOS

Sou muito grato a você por começar a explorar estas páginas, me dando a chance de apresentar minhas ideias. Apesar do meu esforço em buscar apoio em métodos científicos, na lógica formal e em evidências variadas, acredito que a busca da verdade só pode se tornar completa por meio do debate livre e honesto, que depende de sua participação.

Em relação aos meus familiares e amigos, não tenho palavras suficientes para agradecer a todos vocês que estiveram ou estão presentes em minha vida, ainda que muitos quilômetros de distância nos separem. Tudo ficaria muito mais difícil sem o seu amor, carinho, amizade e palavras sinceras.

Por falar em amigos queridos, fica minha gratidão especial a **Sara Loureiro, Ana Carolina Cavalcante, Teresa Paladino** e **Celso Loureiro** pelas leituras que fizeram do texto original. Vocês forneceram sugestões muito úteis para a minha busca por melhorar a forma de transmitir minha mensagem. A responsabilidade pelas ideias aqui apresentadas continua sendo inteiramente minha.

Na área profissional, que foi o ambiente que me fez chegar neste livro, não conseguirei agradecer a todos que contribuíram de alguma maneira: antigos professores, alunos dos cursos que conduzi, líderes, colegas e colaboradores das equipes que já tive a tarefa de liderar, tanto em meus negócios quanto no de terceiros. Para representá-los, agradeço especialmente às minhas quatro principais referências nessa área:

Primeiro, ao prof. dr. **Hélio Zylberstajn**, que despertou meu interesse pelas finanças pessoais pela via dos planos de aposentadoria, quando tive a oportunidade de ser seu aluno e assistente de pesquisas. Para mim, foi decisivo trabalhar com ele no primeiro grande projeto que diagnosticou e apontou soluções para os problemas no atual sistema de previdência. Um trabalho importante para o país liderado pelo prof. dr. **Zylberstajn** na Faculdade de Economia da USP.

Depois, ao **Luiz Claudio Friedheim** pelos ensinamentos valiosos ao longo de muitos anos de trabalho juntos. Com ele, participei de várias iniciativas bem-sucedidas que levaram mais segurança financeira para muitas pessoas e famílias, seja através dos corretores e demais profissionais de finanças que treinamos, seja pelos produtos e serviços que desenvolvemos. **Friedheim** é um grande líder prático do cotidiano. Sua forma de liderar pessoas e negócios se tornou uma grande influência em toda a minha vida profissional.

Ainda no campo profissional, preciso agradecer ao **Nilton Molina** e ao **Helder Molina**, dois grandes empreendedores, pelas oportunidades que me deram para aplicar meus conhecimentos e minhas ideias. Entre seus parceiros de negócios, colaboradores e até concorrentes, Nilton e Helder angariam um nível de admiração e respeito raros de se encontrar.

A todos esses quatro gigantes, meus sinceros agradecimentos pelos preciosos ensinamentos e pela paciência que sempre tiveram comigo, sobretudo nas ocasiões em que errei. Sem vocês, este livro não existiria.

Meu muito obrigado também por toda a dedicação da minha incansável editora, **Audrya Oliveira**, e de todo o time incrível da **Editora Gente**, aqui representado por sua CEO, **Rosely Boschini**. Meu primeiro livro não poderia ter nascido em outra casa.

Por fim, preciso dizer que a minha vida tem sido de constante agradecimento a **Deus**, acima de tudo, por tudo que venho recebendo. Em especial pelo maior e melhor presente de todos: meus filhos. Hoje, é graças principalmente à **Ana Luiza** e ao **José Eduardo** que encontro ainda mais entusiasmo para me dedicar a todas as coisas, inclusive aos meus escritos.

SUMÁRIO

Apresentação _____ 8

Prefácio _____ 10

Introdução - Eternas bases financeiras _____ 12

    Capítulo 1 - Sabedoria ancestral e atemporal _____ 22

    Capítulo 2 - Reconhecendo os problemas _____ 33

    Capítulo 3 - Ainda dá tempo _____ 40

    Capítulo 4 - A síndrome do plano _____ 48

    Capítulo 5 - Os alimentos da *síndrome* _____ 56

    Capítulo 6 - O Método das 4 Bases® _____ 79

    Capítulo 7 - Uma coisa por vez: conhecendo
    a si mesmo (Passo 1) _____ 94

    Capítulo 8 - Ganhando mais (Passo 2) _____ 107

    Capítulo 9 - Gastando bem (Passo 3) _____ 122

    Capítulo 10 - Poupando certo (Passo 4) _____ 143

    Capítulo 11 - Investindo melhor (Passo 5) _____ 151

    Capítulo 12 - Usando o *sprint financeiro* (Passo 6) _____ 158

    Capítulo 13 - Acelerando objetivos (Passo 7) _____ 180

    Capítulo 14 - Evoluindo o plano (Passo 8) _____ 187

    Capítulo 15 - A conquista está logo ali _____ 198

    Capítulo 16 - O bem-estar financeiro chegou _____ 203

APRESENTAÇÃO

Nossos caminhos se cruzaram em meados de 1997, quando ele já era parte da equipe da maior e mais inovadora seguradora de vida independente do país naquela época, uma empresa cofundada por Nilton Molina. Eu estava chegando com um grande desafio pela frente. Embora minha formação seja em engenharia, sempre tive uma atuação multidisciplinar como executivo e gestor.

A indústria financeira ainda era uma relativa novidade para mim. Portanto, para minha posição, precisava dominar rapidamente os detalhes de um dos setores mais complexos e regulados da economia. Nessas ocasiões, quando chegavam novas pessoas na companhia, o Hirbis conduzia imersões nos conhecimentos e práticas do negócio.

Naquela oportunidade, me chamou muito a atenção aquele jovem que dominava de modo surpreendente temas como os modernos seguros de vida, planos de previdência, produtos de investimento, além do planejamento financeiro pessoal como um todo. Poucos anos antes, tínhamos saído de um longo período de inflação que praticamente inviabilizava este tipo de mercado.

Por causa do meu desafio na empresa, tive a oportunidade de fazer uma imersão individual com ele. Em uma sala de reunião, passamos algumas tardes entre leituras de materiais escritos por Hirbis e outros que ele trazia como complemento. Esses conteúdos geravam conversas e debates que, por sua vez, se convertiam em um aprendizado rico para ambos. Ali nasceria também uma amizade que dura até hoje, ultrapassando as fronteiras do mundo corporativo.

Por seus conhecimentos, Hirbis transitava entre as áreas comercial, técnica e de treinamento com frequência. Acontece que, naquele ano, seriam regulamentados os planos PGBL e a direção da empresa me confiou a missão de desenvolvê-los na companhia. Não tive dúvidas em convidar o Hirbis para compor minha equipe. Ele viajou aos Estados Unidos para estudar como funcionavam os famosos planos 401(k) e retornou com a convicção de que planos de aposentadoria no Brasil se pareceriam cada vez mais com fundos de investimento incentivados por benefícios fiscais. Eu concordava com esse prognóstico, que hoje pode parecer óbvio, mas na época não era.

A partir disso, concluímos que esses planos seriam distribuídos por canais cada vez mais automáticos, com apoio de profissionais que pudessem falar de investimentos e da vida financeira do cliente como um todo. Mais do que isso: muitos desses planos seriam coproduzidos e coadministrados por outros gestores de recursos, um outro mercado ainda incipiente na época. Apoiado por uma excepcional equipe, orquestrei o desenvolvimento do produto com essas convicções desde o início.

O resultado foi o PGBL com o maior crescimento fora do ambiente dos grandes bancos de varejo. Com a manutenção dessa mesma lógica estabelecida no início, as diferentes equipes com ótimos profissionais que nos sucederam conseguiram enorme sucesso na captação de reservas.

Alguns anos depois, o Hirbis tomou o caminho do empreendedorismo, ocasião em que contratei sua empresa para operar cursos e programas de treinamento diversos para nossos colaboradores e parceiros, com impactos muito positivos para nossos negócios. Recentemente, Hirbis vinha trabalhando em um conceito que formulara, de "longevidade financeira". Nesse momento, achei oportuno usar essa ideia em benefício de nossa gestora de recursos. Foi mais um trabalho conjunto que produziu ótimos resultados, dessa vez na distribuição de nossos produtos de investimento para pessoas físicas.

Essas são algumas histórias de nossa amizade e parceria profissional por mais de duas décadas. No campo das finanças pessoais, Hirbis já esteve posicionado em vários lugares da "mesa", inclusive no acadêmico e científico. Portanto, reúne as condições para formular essa metodologia que tem forte embasamento em distintos campos da ciência, além de aplicação e uso práticos. Elas derivam de sua intensa vivência nas trincheiras do mercado, que incluem a formação de pessoas, o desenvolvimento de produtos e a resolução de dores de clientes.

É ótimo que ele tenha resolvido sair dos bastidores e falar com um público mais amplo, de maneira mais direta. Aproveite as próximas páginas e aplique todas as recomendações que encontrar. Tenho certeza de que seu encontro com as ideias de Hirbis será tão produtivo e inspirador quanto foi o meu.

LUIZ CLAUDIO DO AMARAL FRIEDHEIM
é membro do conselho de administração da Sicoob Seguros
e do conselho consultivo do Grupo Mongeral Aegon

PREFÁCIO

Em um país marcado por desigualdades sociais e econômicas, a busca por uma vida financeira equilibrada e próspera pode parecer um sonho distante para muitos brasileiros. A falta de educação financeira, aliada a uma cultura de consumo desenfreado e juros exorbitantes, cria um cenário desafiador para aqueles que desejam alcançar seus objetivos e construir um futuro sólido.

É nesse contexto que a obra *Ganhe mais, gaste bem, poupe certo e invista melhor*, de Hirbis Girolli, surge como um verdadeiro divisor de águas. Com uma abordagem inovadora e embasada em anos de pesquisa e experiência, o autor nos convida a repensar nossa relação com o dinheiro e a trilhar um caminho de prosperidade consciente.

Ao contrário do que muitos pensam, a prosperidade financeira não é um privilégio reservado a poucos, mas um direito de todos. No entanto, para alcançá-la, é preciso ir além dos números e mergulhar nas profundezas do nosso comportamento em relação ao dinheiro. É preciso entender que emoções, crenças e valores influenciam diretamente nossas decisões financeiras, e que o sucesso não se resume apenas a ganhar mais, mas também a gastar com sabedoria, poupar com disciplina e investir com inteligência.

Hirbis Girolli, com sua vasta experiência no mercado financeiro e seu profundo conhecimento sobre o comportamento humano, nos guia por uma jornada de autoconhecimento e transformação. Através do **Método das 4 Bases®**, somos convidados a olhar para nossas finanças de maneira holística, compreendendo que cada uma das bases – ganhar, gastar, poupar e investir – desempenha um papel fundamental na construção de um futuro próspero.

A obra de Girolli nos apresenta ferramentas e estratégias práticas para identificarmos nossos pontos fortes e fracos, traçarmos metas realistas e construirmos um plano financeiro personalizado. O autor nos mostra que a prosperidade não é um golpe de sorte, mas sim o resultado de um processo contínuo de aprendizado, disciplina e autoconhecimento.

Em *Ganhe mais, gaste bem, poupe certo e invista melhor*, somos desafiados a romper com padrões de comportamento limitantes e a adotar uma nova mentalidade em relação ao dinheiro. Somos incentivados a buscar o equilíbrio entre o presente e o futuro, a investir em nosso desenvolvimento pessoal e profissional, e a construir um legado para as próximas gerações.

A importância desta obra transcende o âmbito individual, pois ao transformarmos nossa relação com o dinheiro, impactamos positivamente toda a sociedade. Uma população financeiramente educada é mais resiliente diante das crises, mais propensa a empreender e mais capaz de construir um futuro próspero para si e para o país.

Convido você, leitor, a embarcar nesta jornada de autoconhecimento e transformação. Permita-se ser guiado pelas palavras de Hirbis Girolli e descubra o poder que você tem para construir a vida financeira que sempre sonhou. Que este livro seja o ponto de partida para uma nova fase em sua vida, marcada pela prosperidade, segurança e realização pessoal.

BEN ZRUEL
é empresário, palestrante, educador financeiro
e autor best-seller de *Eu vou te ensinar a ser rico*

INTRODUÇÃO
ETERNAS BASES
FINANCEIRAS

Naquela época, a internet tinha apenas uma pequena fração da importância que tem hoje em nossas vidas. Os primeiros serviços on-line de finanças eram limitados e as assinaturas eletrônicas em contratos ainda levariam anos para se tornar realidade, assim como as reuniões por vídeo. Estávamos entre o final dos anos 1990 e início dos anos 2000. Por isso, precisei pegar um avião e percorrer algumas centenas de quilômetros com o objetivo de visitar um cliente para coletar assinaturas e mostrar algumas simulações. Mas tratava-se de um cliente especial. Somente na instituição que eu representava, possuía o equivalente a cerca de 4 milhões de dólares em um único plano de aposentadoria, considerando valores de hoje.

Ele mal acabara de sair da posição de vice-presidente em uma grande empresa de serviços para assumir o cargo de presidente local de uma indústria com presença em diversos países. Na idade dele, com aquelas condições, muitos já estariam aposentados ou ansiosos para isso. Como especialista, conhecia a vida financeira dele e calculava que já tivesse dinheiro suficiente para parar de trabalhar.

Cumpridas as formalidades, fomos dar uma volta por algumas instalações da fábrica e tomar um café. Já tínhamos um relacionamento que permitia uma conversa mais informal. Então perguntei se ele não pensava em parar de trabalhar para aproveitar um pouco mais a vida. Nesse momento, lembro como se fosse ontem que ele tomou um gole de café e sorriu, me respondendo que sim, pensava às vezes em parar, talvez começando por diminuir o ritmo. Afinal, seu primeiro neto estava chegando e, segundo ele, "seria bom ter mais tempo livre".

"Se eu precisar, sei que sempre dá para descer um degrau no estilo de vida, ainda mais para mim e para minha mulher, que não somos ligados em grandes luxos. Mas essas quedas no padrão, mesmo que bem planejadas e graduais, cobram o seu preço. Acostumar-se com mais é fácil, porém com menos é difícil", filosofou, mais ou menos com essas palavras.

Em seguida, enumerou outras justificativas para a sua vontade de adiar a aposentadoria. Disse que, em geral, temos o desejo de construir um pouco mais do que nossos pais, talvez viver com mais folga do que eles e deixar alguma coisa para os filhos, em uma espécie de "passagem de bastão" entre as gerações. Por fim, também mencionou uma tendência que eu já estudava.

"Dando tudo certo, devo viver pelo menos uns dez ou quinze anos a mais do que meu pai, só que não sei o quanto isso vai me custar. Veja: mesmo se descermos uns degraus no padrão de vida, é possível que esse aumento grande na longevidade faça da necessidade de *ganhar mais* ao longo do tempo algo comum para todos nós. *Ganhar mais* por meio da renda do trabalho mesmo, ou do rendimento de investimentos", disse.

Sua intenção era explicar que não existe nada de errado em se aposentar mais cedo, desde que estejamos atentos às consequências disso, dentro de um quadro mais geral dos nossos objetivos. Encerrou afirmando que, por segurança, seguiria trabalhando por enquanto, buscando aumentar o nível dos seus rendimentos, de modo que eles cobrissem pelo menos a inflação.

Nos seus planos, a meta era seguir poupando uns 15% ou 20% de tudo o que ganhava no ano. "Tudo ficou um pouco mais fácil porque também aprendi a gostar do que eu faço", completou. Ele tinha uma trajetória familiar difícil, cheia de lições, sobre a qual falarei mais adiante.

Eu já tinha o hábito de reunir essas histórias dos clientes assim como os médicos fazem com o histórico dos pacientes no consultório, quando resumem nosso modo de viver, nossas queixas, exames realizados e tratamentos prescritos. Lendo esses relatórios em retrospectiva, percebo que aquela tarde foi importante para o desenvolvimento do método que apresento neste livro, tal como muitas outras conversas ricas que tive com clientes e alunos.

Ao longo desses anos, encontrei muitas outras pessoas parecidas com ele, de diversas idades e níveis de renda. Na maior parte de sua vida financeira, elas dedicavam um esforço equivalente a 1) aumentar os ganhos, 2) distribuir bem os gastos, 3) separar uma quantia correta para seus objetivos futuros e, por fim, na hora de 4) investir, também colocavam igual esforço em diversificar cada vez melhor, conectando as aplicações financeiras com o prazo dos seus objetivos para ter o maior retorno possível. Essas eram as *quatro bases* de seu plano financeiro pessoal ou familiar. Para quem as aplicava, o resultado era normalmente o mesmo: controle, crescimento e bem-estar financeiros.

Este livro é sobre a decodificação dessas *quatro bases*, para torná-las acessíveis ao maior número de pessoas possível. Usar essas bases não deveria ser uma tarefa difícil e incomum, porque são ações que fazem parte do modo como os humanos funcionam. Mas nem sempre acontece assim, de maneira tão natural.

NATUREZA HUMANA

Desde aquela visita, já se passaram mais de duas décadas. Um tempo em que desenvolvi, testei e consolidei essa metodologia que ainda hoje provoca uma certa estranheza inicial pelos motivos que você irá ver conforme avançarmos. Ela apresenta uma abordagem nova em finanças pessoais, se considerarmos os métodos mais comuns hoje em dia, ao mesmo tempo que se apoia em características que definem a *natureza humana* há milênios.

Na definição curta, *natureza humana* é o conjunto de traços que todos nós, *sapiens*, temos em comum, independentemente do lugar em que nascemos, de onde vivemos, e até de nossa cultura ou religião. Traços esses que incluem nossas maneiras de pensar, sentir e, principalmente, *agir*, guiados por algum grau de *razão*. Para nossos objetivos neste livro, poderíamos expandir a definição cartesiana dessa *racionalidade* compartilhada entre os humanos com a seguinte sequência: *Penso, logo existo;*[1] *existo, logo ajo; ajo, logo quero.*

Afinal, observando o curso de nossas vidas, todos nós temos um plano parecido com aquele dos heróis em nossas histórias preferidas: *agir neste mundo de maneira intencional*. Uma intenção embebida na necessidade, no desejo, no *querer melhorar*. Isso vale tanto para jovens pobres nascidos do outro lado do mundo quanto para pessoas iguais ao meu cliente, presidente de indústria.

---

1 DESCARTES, R. **Discurso do método**. Trad. J. Guinsburg e Bento Prado Júnior. São Paulo: Difel, 1960.

De fato, a estrutura mental de todos os seres humanas possui uma lógica básica comum para a maneira de pensar. Caso contrário, não conseguiríamos dialogar e muito menos cooperar uns com os outros. Essa forma de pensar compartilhada se manifesta em cada ação humana, por menor que seja, porque nela existe a intenção de alcançar uma *nova* situação que valorizamos mais do que a situação *atual*. Em outras palavras, a ação humana é uma tentativa deliberada de substituir uma condição *menos satisfatória* por uma *mais satisfatória*, uma verdade evidente por si mesma e que nos foi revelada pela *praxeologia*.

Do grego *praxis*, que significa *ação*, a *praxeologia* é a ciência ou o estudo da ação humana intencional. Todos os indivíduos agem para atingir objetivos específicos de melhoria conforme seus valores e crenças particulares, usando meios que implicam em superar eventuais dificuldades. Sendo assim, há milênios as histórias nos fascinam e ficam gravadas em nossa mente porque são a representação dessa jornada em que buscamos vencer as dificuldades e alcançar o melhor. Isso é parte da natureza humana, dessa forma de pensar, sentir e *agir* comum a todos.

Mesmo que tenhamos que encarar o desconforto no início da execução de nossos planos, no final esperamos melhorar algo na vida, com resultados em nosso benefício ou de quem é importante para nós. Portanto, agir para melhorar significa também ser capaz de fazer certos sacrifícios hoje em troca de recompensas amanhã.

Isso vale para tudo na vida, incluindo dinheiro e bens materiais. Esse é o grande plano natural, universal e permanente dos seres humanos. Buscamos agir sempre nessa direção, mesmo sem termos garantias de sucesso em cada ação realizada, porque podemos falhar nessas ações.

Apesar de não parecer, mesmo que estejamos doando coisas para ajudar outras pessoas ou até parados olhando para o vazio, estamos *agindo com algum propósito*. Em geral, com o propósito de caminhar em direção a uma condição de *mais conforto* ou de *menos desconforto*. Isso está presente na esmagadora maioria de nossas ações, que são sempre nessa direção, salvo no caso de anormalidades e patologias.

Se assumo o custo de adiar a aposentadoria, por exemplo, o meu racional particular está mirando benefícios futuros que considero valiosos para mim, como mais segurança financeira em um momento da vida que pode trazer desafios adicionais.

QUATRO BASES

Quando a finalidade é a prosperidade material, acionamos aquelas quatro ações básicas que já enumeramos, formando nosso *plano essencial* de melhoria que existe desde sempre. Temos usado essas ações como meios para crescer em bem-estar: ganhar, gastar, poupar e investir. Do ponto de vista lógico, não existe outra possibilidade de seguirmos vivos e melhorando nossa condição material. Essas *quatro bases* formam uma espécie de *"geometria" da prosperidade*.

Se aplicadas na direção correta, elas resultarão em crescimento financeiro, assim como *o quadrado da hipotenusa será sempre igual à soma dos quadrados dos catetos em qualquer triângulo retângulo*. Para que isso ocorra, é claro que precisamos de proteções financeiras contra imprevistos, como seguros pessoais e patrimoniais, além de uma diversificação de investimentos ampla. Para nossa sorte, esses instrumentos estão totalmente desenvolvidos e acessíveis, conforme veremos no *método*. Portanto, a melhor forma de entender a prosperidade individual ou familiar é verificar a presença recorrente das *quatro bases*. A execução dessas ações também pode trazer desconforto inicial, mas produz controle, crescimento e bem-estar financeiro quando nos dedicamos a cada uma dessas *quatro bases* de modo equivalente, com um esforço positivo bem distribuído entre elas.

Essa é a ideia central sobre a qual foi desenvolvido o método apresentado neste livro. Eternas bases financeiras que precisamos acionar para termos mais paz e tranquilidade quando o assunto é dinheiro, mesmo diante de graves crises locais ou globais.

Cada uma dessas bases tem seus desafios particulares, que foram sendo vencidos por nossos antepassados, fazendo esse *plano essencial* em direção ao crescimento evoluir organicamente e nos trazer até aqui. Assim, esse plano foi ficando gravado nos seres humanos como se fosse um algoritmo. O seu uso sistemático foi gerando mais excedentes e bens materiais, permitindo a expansão da população, além do surgimento das trocas e da economia.

Como resultado, elas têm feito pessoas, famílias e sociedades, ainda que de modo tortuoso, caminharem em direção à prosperidade. Para isso, nos bastidores, desenvolveu-se em nossa estrutura cerebral aquilo que este livro define como *cérebro financeiro*, que é o instrumento da natureza humana para agirmos em relação ao dinheiro e aos bens materiais. Ele é o resultado da interação de quatro divisões mentais: o *instinto*,[2] a *razão*,[3] o *comportamento*[4] e a *motivação*.[5] Esses componentes precisam funcionar em harmonia, com a *razão* no volante, para evitarmos o estresse e conquistarmos uma boa relação com o dinheiro.

Configurar um plano financeiro para colher resultados positivos deveria levar pouco tempo e ser relativamente fácil, justamente porque as *quatro bases* estão alinhadas com a forma como o *cérebro financeiro* funciona, especialmente na nossa divisão *racional*. Mas nem tudo são flores. Essa estrutura também é suscetível a problemas que podem dificultar a execução de qualquer plano financeiro, conforme veremos ao longo dos próximos capítulos.

A causadora dessas dificuldades é o que denominamos de *síndrome do plano*, um problema comum ao tentarmos elaborar e seguir um plano financeiro – e que também dissecaremos melhor nas páginas seguintes. A síndrome produz uma certa aversão a planos de diferentes tipos, em especial aqueles mais longos. Passamos a preferir sistematicamente as gratificações imediatas que atrapalham o objetivo de termos mais controle, crescimento e bem-estar financeiro.

PLANO PERSONALIZADO

É justamente nesse ponto em que o método que vamos conhecer e exercitar ganha muita força. Ele resolve esses problemas com a elaboração e a execução de planos financeiros, propondo um conjunto de técnicas que facilitam

---

2 KAHNEMAN, D. **Rápido e devagar: duas formas de pensar.** Rio de Janeiro: Objetiva, 2012.

3 MISES, L. V. **Ação humana.** Rio de Janeiro: LVM, 2019.

4 MARSTON, W. M. **As emoções das pessoas normais.** São Paulo: Success for You, 2014.

5 MASLOW, A. H. **A Theory of Human Motivation.** Virginia: Sublime Books, 2014.

e induzem esse esforço equivalente em cada uma das *quatro bases*. Usando o método, as pessoas e famílias conseguem buscar, com a mesma dedicação:

1. **Ganhar mais**, elevando a renda acima da inflação ao longo do tempo.
2. **Gastar bem**, distribuindo gastos para tirar o máximo benefício dos ganhos.
3. **Poupar certo**, economizando a quantidade correta para objetivos futuros.
4. **Investir melhor**, diversificando e ajustando para ter os melhores retornos.

Por isso o imperativo que apresentamos logo no título: *ganhe mais* e *gaste bem* e *poupe certo* e *invista melhor*. Cada base precisa estar conectada com a outra de maneira sequencial, na tentativa de dedicar a cada uma a mesma atenção e energia. Perceba que, se uma dessas bases falha em algum momento, todo o conjunto fica comprometido. Muitos métodos em finanças param de funcionar justamente por privilegiarem uma ou outra em prejuízo das demais. Por isso é necessário empregar esse esforço equivalente em cada base, sem privilegiar ou negligenciar nenhuma delas. Essa é ideia central daquilo que esse livro denomina **Método das 4 Bases**®.

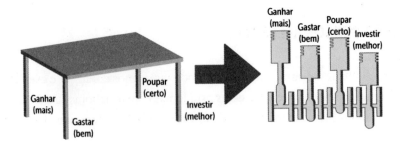

Na vida, com aquele propósito natural de melhorar ao longo do tempo, queremos ter mais itens sobre nossa mesa simbólica do bem-estar financeiro e ir mais longe usando o nosso motor imaginário das finanças. Se uma das bases não recebe o mesmo esforço positivo, a mesa balança e o motor falha. Por isso, o método recomenda esse esforço equivalente em cada uma dessas quatro ações básicas. Mesmo que intuitivamente, o cliente que visitei vinha executando esse plano havia muitos anos. Apesar das diversas dificuldades financeiras pelas quais sua família havia passado, sua história era marcada por uma dedicação equivalente a cada uma das bases. Mas você não precisa ser um presidente de indústria para ter esse mesmo resultado.

As *quatro bases* compõem o plano essencial de crescimento do bem-estar material das pessoas, famílias e sociedades, desde os nossos antepassados até hoje, estando acessíveis a todos, muito antes do surgimento do dinheiro, conforme veremos. Contudo, considerando que a execução desse *plano essencial* traz desafios, o **Método das 4 Bases®** apresenta um *plano complementar* bem detalhado para facilitar esse esforço equilibrado usando a praxeologia, além das ciências comportamentais: *ganhar mais, gastar bem, poupar certo* e *investir melhor*.

Esse *plano complementar* leva harmonia e proteção ao *cérebro financeiro* por meio dessas quatro ações e das técnicas associadas a elas, que acabamos de enumerar. Como vimos, a **praxeologia** nos ajuda a entender as escolhas econômicas dos indivíduos a partir de seus objetivos e preferências, porque cada ação humana é intencional e dirigida a objetivos de melhoria.

Já a **ciência comportamental** mostra como fatores psicológicos, cognitivos e emocionais influenciam nossas decisões, incluindo as financeiras. É ela que nos ajuda a entender uma parte significativa do *cérebro financeiro* e a fazer com que suas divisões se harmonizem. Ao unir essas duas disciplinas – praxeologia e ciências comportamentais –, o **Método das 4 Bases®** oferece uma abordagem completa e embasada para lidar com o dinheiro de maneira mais alinhada à nossa natureza. Com isso, conseguimos montar um *plano financeiro personalizado*, que é fruto da combinação de:

- um *plano essencial* composto pelo esforço equilibrado nas *quatro bases*;
- um *plano complementar*, usando técnicas que facilitam e induzem esse esforço equivalente entre as quatros bases;
- um *plano individual de objetivos*, com necessidades e desejos que temos em cada momento da vida, resultando nesse *plano financeiro personalizado*, um superplano.

NOSSO PERCURSO

Portanto, umas das principais missões desse livro é ajudar você a superar essa síndrome em relação a planos, evitando os grandes prejuízos de não usar essa sabedoria ancestral e permanente das *quatro bases*. (Um conhecimento que está bem fundamentado, conforme começaremos a demonstrar no **Capítulo 1**.)

A partir de bases teóricas de alto nível junto a evidências e comprovações práticas, apresento o conjunto de técnicas para desenvolver esse *superplano financeiro* que vai elevar suas chances de sucesso com o dinheiro a um novo patamar, transformando seus projetos em um plano praticamente infalível. Embora traga desafios, ele é forte porque está totalmente alinhado ao modo como o *cérebro financeiro* funciona, conforme veremos.

O *método* foi organizado com base em mais de vinte e cinco anos de estudo e prática na área de finanças pessoais e planejamento financeiro, além de muita pesquisa em história econômica.

Nesse período, desenvolvi produtos e negócios na área, tendo contato com clientes de todas as idades e níveis de renda. Dando aulas e escrevendo materiais didáticos, também ajudei a formar milhares de profissionais que atuam em diversos componentes do mercado de finanças pessoais: seguros, investimentos, previdência, gestão financeira, dentre outros.

A partir da análise dos estudos de caso e dos grandes números obtidos nesses anos todos, comecei a enxergar padrões similares aos que mostrei no início da introdução. Percebi que as pessoas mais bem-sucedidas, que haviam superado a *síndrome do plano* e conquistado seus objetivos financeiros, empregavam, de fato, esse esforço positivo equilibrado nas *quatro bases*, reproduzindo essa sabedoria acumulada ao longo de milênios.

Então nasceu o *método*, que se baseia na ideia de que precisamos conhecer melhor o *cérebro financeiro* e seguir um plano mais alinhado com o seu funcionamento. Embora este seja um livro simples, ele é ambicioso neste sentido: formular um sistema prático-teórico das finanças pessoais que possa guiar você em sua jornada vital para ter controle, crescimento financeiro e bem-estar financeiro.

Para colocar o método em prática são necessários oito passos que percorreremos juntos. Todos eles podem ser configurados para começar a gerar resultados em apenas trinta dias. Embora possa parecer pouco tempo, você verá que é suficiente para deixar tudo pronto. Nossas *quatro bases* passarão a funcionar com um esforço equivalente em cada uma, firmes como os pés de uma mesa e sincronizadas como os pistões de um motor. É o que sustenta o superplano.

Antes de começarmos esse desafio dos trinta dias, descobriremos juntos os efeitos mais comuns da *síndrome do plano* e quais são as suas principais causas, entendendo suas dinâmicas e os tipos de danos que podem provocar. Depois, avançaremos por cada uma das oito etapas para implementarmos a primeira versão do seu *plano financeiro personalizado* ao longo desses trinta dias. Começaremos por um diagnóstico e encerraremos com formas de acelerar e evoluir o seu plano financeiro. Passaremos, é claro, por recomendações e estratégias específicas para cada uma das *quatro bases*.

Para auxiliá-lo em cada passo, estarão disponíveis vários recursos úteis em links posicionados ao longo de cada capítulo. Embora sejam fáceis de usar, as nossas ferramentas precisam ir um pouco além dos limites das páginas de um livro. São ferramentas de diagnóstico financeiro, planilhas com guias para montar um plano personalizado, calculadoras para simular objetivos, além de carteiras de referência com possibilidades de investimentos para diferentes prazos e perfis de risco. Mesmo que você já esteja avançado em alguma das bases, descobrirá como percorrer com tranquilidade as diferentes fases da independência financeira, por meio de uma jornada rica em possibilidades, com altos níveis de bem-estar.

Em resumo, o objetivo é que a elaboração e a execução de planos financeiros se transformem em algo natural e automático em sua vida, com as ações em cada uma das *quatro bases* sendo igualmente eficientes e eficazes, sem dramas ou estresses desnecessários.

Tudo isso para que você tenha o controle do dinheiro, fazendo com que suas reservas financeiras cresçam na escala de duas a três rendas mensais por ano, sem nenhum tipo de esforço sobrenatural. Apenas pelo efeito da poupança, fora o impacto dos juros compostos.

Logo, se você aparentemente não tem motivos para se queixar de sua vida financeira, conseguirá ampliar seus resultados, acelerando objetivos, sonhos e projetos. Por outro lado, se você tem problemas em relação ao dinheiro, existe uma enorme chance de estar prestes a dizer adeus a eles. Vamos começar.

01.
SABEDORIA ANCESTRAL & ATEMPORAL

Cérebro financeiro e *síndrome do plano* são conceitos importantes que nos acompanharão ao longo dessa jornada, porque definem estruturas e dificuldades presentes na natureza humana, conforme veremos agora. De um lado, temos o *cérebro financeiro* lutando pelo nosso bem-estar nas finanças e, de outro, a *síndrome do plano*, tentando atrapalhar e frustrar esse objetivo. Portanto, o primeiro é o herói nessa jornada, enquanto a síndrome é o adversário a ser neutralizado com o uso do *método*. Ambos dividem espaço dentro da nossa cabeça.

Mas como chegamos a esses conceitos que podem soar estranhos para alguns? Eles têm validade real? Os benefícios promovidos pelo *método* funcionam para qualquer pessoa? Mais do que isso: qual método é esse por trás do **Método das 4 Bases**®? Sim, temos histórias e casos de clientes, além de estatísticas de diferentes tipos. As estatísticas gerais de sucesso e os depoimentos são importantes. Você verá ambos ao longo dos capítulos.

Entretanto, o **Método das 4 Bases**® conta com dois reforços importantes em sua validação: o chamado método lógico, com o uso da praxeologia, e a história econômica global. Sobre o método lógico, haverá uma abordagem completa no **Capítulo 6**, em que começaremos falando de axiomas, relembrando o tempo de escola com certa nostalgia e satisfação por comprovarmos sua grande utilidade prática.

A história econômica, por sua vez, traz dados irrefutáveis de milhares de anos sobre o crescimento da riqueza e, sobretudo, do capital humano, desde que os nossos ancestrais aprenderam a manejar as *quatro bases*.

Mostra também as dificuldades que enfrentamos nessa jornada com a ação da síndrome, mas que puderam ser gradualmente vencidas. Começaremos pela história econômica global para apresentarmos melhor os conceitos de *cérebro financeiro* e de *síndrome do plano*, iniciando as provas de que as *quatro bases* fazem parte de uma sabedoria ancestral e atemporal.

HISTÓRIA ECONÔMICA E AS *QUATRO BASES*

Passadas de geração em geração como um código, essas *quatro bases* são ações humanas criadas quando o nosso cérebro ganhou essa configuração atual, há estimados cinquenta mil anos, época em que passamos a nos dedicar à caça com ferramentas mais elaboradas.[6] Por isso, as *quatro bases* da ação econômica são mais antigas do que imaginamos, pois surgiram com os nossos ancestrais caçadores e coletores, nas formas mais primitivas que tínhamos de *ganhar*, *gastar*, *poupar* e *investir*. Como sabemos, nossos ancestrais não recebiam salários nem investiam em fundos ou ações. Porém, eles precisavam buscar mais recursos à medida em que o número de descendentes aumentava.

Era necessário dividir bem os esforços entre consumir o suficiente para manter todos vivos e reservar uma parte do tempo e dos recursos para investir na construção de ferramentas úteis, que pudessem melhorar o retorno de seu esforço diário. Todas essas bases tinham importância equivalente. Não adiantava se dedicar a uma e deixar a outra de lado. De que adiantaria, por exemplo, poupar tempo e recursos para construir ferramentas, se elas se revelassem inúteis para caçar, convertendo-se em um investimento sem retorno? Imagine quanta tentativa e erro foi preciso até surgirem os primeiros acertos.

Além desse investimento em instrumentos de caça úteis, a mesma lógica pode explicar a vida nômade em uma época em que ainda não dominávamos a agricultura. A necessidade de buscar uma alimentação mais abundante, que tornasse o cotidiano mais fácil – ou menos difícil –,

---

6 HOPPE, H. H. **Uma breve história do homem**. São Paulo: LVM Editora, 2016.

impulsionava nossos ancestrais a explorar novas regiões buscando *ganhar mais*, na forma de mais alimentos, o que também diminuía possíveis conflitos com outras tribos.

Esse uso intuitivo das *quatro bases* da ação econômica – *ganhar*, *gastar*, *poupar* e *investir* – permitiu que os *sapiens* se expandissem por todo o planeta e aumentassem sua população de modo gradual. Há cerca de dez mil anos, às vésperas da Revolução Neolítica que introduziu a agricultura no mundo, estima-se que a população global já estivesse em aproximadamente quatro milhões de pessoas,[7] um número expressivo considerando as condições desafiadoras daquela época.

Por terem se tornado parte da natureza humana, essas bases sobreviveram a guerras, revoluções e a inimigos de todo o tipo ao longo da história. Sobreviveram também ao maior inimigo de todos: aquele que está dentro de nós, sobre o qual já temos pistas. Sim, o cérebro tem um lado onde mora uma tendência de evitar planos mais longos, valorizando recompensas imediatas aleatórias. Isso dificulta a capacidade de colocar em prática o plano para o crescimento financeiro usando as *quatro bases*.

A história do crescimento econômico de pessoas e sociedades é também a história de nossa luta interna contra a tendência humana de buscar por gratificações imediatas, associada com a procrastinação de esforços, o que atrapalha nosso crescimento. Não queremos encarar aquele desconforto inicial necessário para atingir certos objetivos. Tendemos a nos comportar muito mais como cigarras e menos como formigas.[8]

Muito tempo de evolução depois, essas *quatro bases* se consolidaram quando inventamos a agricultura, bem antes do surgimento das primeiras moedas. A agricultura é um típico plano de médio e longo prazos, tal como ocorre na fábula da cigarra, pois necessita de um planejamento mais elaborado, acompanhado de certos sacrifícios.

Desde então, essas *quatro bases* foram sendo usadas e aprimoradas, com a sua lógica resistindo ao teste do tempo. E à medida que homens e

---

[7] BRYSON, B. **Breve história de quase tudo**. São Paulo: Companhia das Letras, 2005.

[8] **A CIGARRA e a formiga**. São Paulo: Ciranda Cultural, 2021.

mulheres iam sincronizando e equilibrando as bases cada vez melhor, a prosperidade também foi aumentando.

Existem estudos que sugerem uma relação entre o rigor de climas mais frios e uma maior propensão ao planejamento de longo prazo – e ao consequente acúmulo de riqueza. Isso porque haveria a necessidade de melhor preparo para os períodos de escassez e adversidades climáticas típicas de regiões com invernos rigorosos.[9] Logo, a adesão às *quatro bases* se tornaria uma questão ainda mais dramática, ligada à sobrevivência. Se isso foi verdade no passado, agora se tornou apenas mais um aprendizado da histórica econômica, tendo em vista que essa fórmula do crescimento está devidamente sistematizada e disponível para todos, e não existe mais determinismo climático para o seu uso pleno.

O fato importante é que a evolução dessas quatro ações compõe as bases do plano que podemos usar, desde o início, para melhorar o nosso bem-estar material. Se as ações de *ganhar mais*, *gastar bem*, *poupar certo* e *investir melhor* não tivessem sido executadas aos milhões, com igual intensidade, inclusive nos países mais quentes do mundo, não teríamos chegado até aqui. Essa execução aconteceu em cada tribo de nossos ancestrais, e depois dentro de cada família nas milhões de aldeias e cidades espalhadas pelo mundo, resistindo a roubos, agressões e pilhagens de todo o tipo. Sem as *quatro bases* operando em sincronia e equilíbrio, produzindo excedentes que geraram crescimento material e financeiro, a população mundial não teria condições de subsistência para crescer assim, saltando de pouco mais de cinco mil indivíduos, há cerca de cinquenta mil anos, para 985 milhões de pessoas em 1800,[10] com esse nível de riqueza:

---

9 BARTRUFF, J.; GROTE, M. N.; KENNETT, D. J.; WINTERHALDER, B. Ideal Free Settlement of California's Northern Channel Islands. **Journal of Anthropological Archaeology**, v. 29, n. 4, p. 469-490, 2010. Disponível em: https://doi.org/10.1016/j.jaa.2010.07.001. Acesso em: 15 jul. 2024.

10 BRYSON, B. *op. cit.*

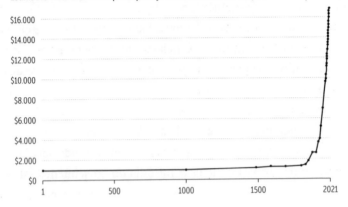

Média do PIB per capita ao longo do tempo
Estimativa histórica do PIB per capita ajustada conforme a inflação.

Foram essas centenas de milhões de pessoas que trouxeram as condições de capital humano necessárias para a fantástica aceleração exponencial do crescimento financeiro que vivemos após a invenção da indústria, nestes últimos duzentos anos (vide último segmento do gráfico). É a mesma trajetória que acontece em um típico gráfico de expansão exponencial, no formato de um "J", conforme vimos na imagem. Hoje já somos mais de oito bilhões de pessoas e, infelizmente, ainda existem muitas pessoas pobres no mundo. Mas os níveis de pobreza nunca foram tão baixos na história.[11] Uma pessoa considerada pobre hoje em certos países ricos vive com mais conforto e longevidade do que reis e rainhas de poucas centenas de anos atrás.

Dessa maneira, podemos afirmar que as *quatro bases* surgiram organicamente ao longo dos primeiros milênios da história humana, e se tornaram a primeira forma de plano financeiro; no início, sem a figura do dinheiro. Um fenômeno parecido com o surgimento também orgânico da linguagem, que ocorreu devido à necessidade e à vontade de se desenvolver uma comunicação. Esse plano se revela em ações como a separação de recursos para produzir instrumentos de caça, bem como pela vida nômade, sempre em

---

[11] Ver FRIEDMAN, G. **Ten Global Trends Every Smart Person Should Know: And Many Others You Will Find Interesting.** Nova Iorque: Doubleday, 2009; e ROSER, M. *et al.* Economic Growth. **Our World in Data**. Disponível em: https://ourworldindata.org/economic-growth. Acesso em: 20 maio 2024.

busca de mais recursos, conforme vimos. Depois, por meio da complexidade dos planos mais longos que surgiram com a agricultura, a delimitação das *quatro bases* se consolidou, mesmo que ainda não envolvesse dinheiro.

Ainda hoje, mesmo milhares de anos tendo se passado, aquelas pessoas e famílias que empregam o mesmo esforço positivo em cada uma das bases são as pessoas mais bem-sucedidas, do ponto de vista financeiro, em qualquer sociedade. Esse plano que envolve as *quatro bases* é um tipo de código da prosperidade que vai sendo passado entre as gerações ao longo do tempo. Porém, um mundo cada vez mais cheio de estímulos e distrações, em conluio com o nosso "eu" imediatista, que não gosta de planos ou dos sacrifícios por eles exigidos, faz com que milhões e milhões não apliquem esse ensinamento ancestral das *quatro bases*, que segue como o fundamento essencial da prosperidade individual e familiar.

Acredito que já foi possível entender por que este entendimento sobre a história econômica é importante para o que enfrentamos hoje em nossas vidas financeiras. Se não compreendemos o passado e os fundamentos imutáveis que fazem aquilo funcionar e sobreviver ao teste do tempo, fica ainda mais difícil resolver os potenciais problemas atuais com nossas finanças, que são diversos. Existem períodos da história e lugares do mundo em que a prosperidade acelera, e outros em que ela fica estagnada ou regride. O sucesso nas finanças pessoais também depende do entendimento desses fenômenos. No fim das contas, tudo isso é parte dessa luta entre a *síndrome do plano* com o nosso *cérebro financeiro*. Começaremos a conhecer ambos agora, voltando a eles em capítulos posteriores.

O CÉREBRO FINANCEIRO

Para fazermos funcionar as *quatro bases* do crescimento financeiro, precisamos usar este "capital" valioso que recebemos, composto pela soma estimada de cerca de cem bilhões de neurônios dentro do cérebro.[12] Pelo menos

---

12 CIENTISTAS encontram modo de mapear 'complexidade' do cérebro. G1, 11 abr. 2011. Disponível em: https://g1.globo.com/ciencia-e-saude/noticia/2011/04/cientistas-encontram-modo-de-mapear-complexidade-do-cerebro.html. Acesso em: 20 maio 2024.

do ponto de vista cerebral, somos todos bilionários. Dentro da nossa cabeça, existem estruturas que se mobilizam para cuidar da nossa relação com o dinheiro. Precisamos entender o funcionamento dessas estruturas.

A partir desse conhecimento, mostraremos adiante o funcionamento do cérebro em relação às finanças e como o **Método das 4 Bases®** se alinha melhor a esse funcionamento. Portanto, você e o seu *cérebro financeiro* são os heróis nesta jornada.

Esse seu companheiro de aventura é pequeno, pesando menos de um quilo e meio,[13] mas consome quase 20% de toda a energia produzida pelo seu corpo. Quanto dessa energia é gasta com a parte financeira? Muita coisa, com certeza, proporcional à importância que o dinheiro tem na nossa vida.

Os estudos e pesquisas de alguns dos maiores economistas e psicólogos de todos os tempos nos ajudam a entender que o *cérebro financeiro* é o resultado da interação de quatro "divisões" cerebrais que habitam em nós, conforme já mencionamos: a *razão*, o *instinto*, o *comportamento* e a *motivação*. Para evitar o estresse em nosso *cérebro financeiro*, essas divisões precisam funcionar em harmonia, cada uma cumprindo bem sua função, deixando a razão no volante. Façamos uma primeira passagem acerca das tarefas de cada uma:

[13] PELAJO, C. Cérebro molda suas funções e capacidade pelo constante uso. **G1**, 18 mar. 2013. Disponível em: https://g1.globo.com/jornal-da-globo/noticia/2013/03/cerebro-molda-suas-funcoes-e-capacidade-pelo-constante-uso.html. Acesso em: 20 maio 2024.

a) *Razão*

É responsável pelo pensamento analítico, planejamento detalhado e a consideração de consequências de longo prazo. A razão pondera custos e benefícios antes de tomar decisões. Ela requer mais tempo e energia para processar informações, e é essencial para a tomada de decisões mais elaboradas, incluindo as financeiras. Além disso, facilita o controle de impulsos provenientes do instinto, permitindo adiamento de gratificações para atingir objetivos maiores no futuro. Ela é um produto da evolução mais recente do cérebro, estimada em torno de cinquenta mil anos de idade, e conhecida como o sistema frio ou Sistema 2. Como parte da natureza humana, suas funcionalidades estão disponíveis para todos nós igualmente.

b) *Intuição/instinto*

Reside na parte mais antiga e primitiva do cérebro humano. Este guardião primordial é responsável por respostas rápidas e automáticas a estímulos imediatos, sendo a fonte dos nossos impulsos e desejos mais básicos. Age sem reflexão consciente, reagindo instantaneamente a recompensas e ameaças. Foi essencial para a sobrevivência dos nossos ancestrais, permitindo reações rápidas a predadores e perigos. Quando toma o lugar da *razão* no volante das finanças, tende a provocar muitos problemas, mas é um auxiliar importante para automatizar bons hábitos. Também como parte da nossa natureza, suas funcionalidades estão disponíveis democraticamente para todos os humanos, com os mesmos padrões e metas compartilhados entre nós.

c) *Motivação*

Não tem um núcleo anatômico específico, mobilizando diversas estruturas cerebrais. Conceitualmente associada à hierarquia de necessidades, impulsiona ações em direção a objetivos e necessidades em uma certa ordem de prioridade. Atua nas diversas necessidades humanas, fomentando ações que vão desde a busca por segurança até o desenvolvimento pessoal e a realização de sonhos. Pelos estudos que temos disponíveis, funciona de maneira similar para todos os humanos, em princípio, inclusive para o estabelecimento de prioridades na vida financeira. Mas quando o instinto assume o comando das finanças, até a hierarquia de certas necessidades é subvertida.

d) *Comportamento*
Tal como a motivação, caracteriza-se pela interação de múltiplas áreas cerebrais. Ele ficou propositalmente por último, pois está intimamente ligado ao perfil comportamental de cada indivíduo. É isso que nos individualiza e nos separa em grupos menores com comportamentos similares. Como parte da personalidade, o *comportamento* reflete a expressão externa das nossas ações e decisões financeiras, influenciadas por fatores que podem ser mapeados por testes como o DISC, por exemplo (**D**ominância, **I**nfluência, **E**stabilidade e **C**onformidade). A combinação desses traços irá certamente influenciar como lidamos com finanças.

Portanto, usar o *método* para harmonizar essas quatro divisões do seu *cérebro financeiro*, aproveitando o melhor de suas forças, é o nosso primeiro grande objetivo. Porque o que determina, em grande parte, o sucesso ou fracasso na execução do plano envolvendo as bases do *ganhar*, *gastar*, *poupar* e *investir*, é o que acontece do lado de dentro dele.

Nos passos que percorreremos, o *método* visa manter a *razão* sempre no volante das finanças, usando o auxílio daquilo que as demais dimensões do *instinto*, *motivação* e *comportamento* têm de melhor, ou seja: a intuição nos ajudando a automatizar bons hábitos, a motivação auxiliando a priorizar o que é mais importante e o comportamento nos fazendo usar nossas habilidades e forças individuais frente ao universo financeiro. Se você já assistiu a uma corrida de Fórmula 1, considere que a *razão* é o piloto e as demais divisões estão nos boxes, atuando como apoio fundamental nessa corrida das finanças.

Nessa analogia, nós, com o nosso cérebro financeiro, somos como aquele líder de equipe que fica no rádio, passando instruções para que a razão tenha a melhor performance possível. Imagine se, num *pit stop* para reabastecimento, o piloto é retirado do volante. Esse é o objetivo da síndrome.

A SÍNDROME DO PLANO

Mas se estamos assim tão bem equipados com nosso cérebro financeiro, com múltiplas estruturas racionais, comportamentais, motivacionais e instintivas, o que nos leva às dificuldades de orquestrar essas divisões para executar um plano e lidar melhor com nossas finanças?

Antes de responder, é importante definir a relação entre esses conceitos: *planejar, plano* e *planejamento*. *Planejar* consiste em fazer um *plano* e agir de acordo com ele, para que aumentem as chances de acontecer algo que desejamos. Então, no *planejamento* financeiro, elaboramos um *plano financeiro personalizado* e buscamos agir de acordo com ele, para que cresça a probabilidade de atingirmos objetivos, sonhos e projetos que dependam de dinheiro. Ou seja: muita coisa, não é mesmo?

Isso funciona tanto para desejos no futuro próximo quanto para aquele horizonte mais distante. Sem planejamento, as chances de qualquer sucesso financeiro caem de maneira drástica, tendendo a zero para a imensa maioria das pessoas.

Pessoas bem-sucedidas planejam, mesmo que não percebam que estão fazendo isso. E para isso elas não precisam ser necessariamente "ricas", de acordo com o senso comum de riqueza. Então, se o *cérebro financeiro* é um herói poderoso nessa jornada, o que explica as nossas dificuldades com planos financeiros?

Vimos que a relação com planos não é tão amigável para a maioria de nós, ainda mais nos dias de hoje, em que os obstáculos encontram fontes de alimentação abundantes, induzindo ainda mais a busca por recompensas imediatas. As piadas do tipo "expectativa *versus* realidade" provocam risos por mostrar o óbvio: montar e executar planos com dinheiro é desafiador para nós, especialmente nesse ambiente repleto de distrações.

Temos diversos problemas com planos mais longos dentro da nossa estrutura cerebral, o que em parte se dá pelo fato de eles serem uma relativa novidade em nossa saga evolutiva, como vimos. No ambiente hostil da savana africana, nossos ancestrais precisavam ser imediatistas boa parte do tempo. Ainda que as *quatro bases* tenham nascido com nossos antepassados caçadores e coletores, lembre-se de que elas só se consolidaram com a invenção da agricultura, há "apenas" dez mil anos.

A psicologia já apresentou o seu nome científico para isso: *teleofobia*. É o medo de fazer planos, que nasce do medo do fracasso, de que as coisas que planejamos nos tragam frustrações e prejuízos. E esse medo não tem a ver apenas com dinheiro, andando também de mãos dadas com a nossa tendência ao imediatismo e às recompensas de curto prazo.

Contudo, em finanças pessoais, a grande maioria não sofre algo tão forte quanto uma fobia. É algo mais leve e que podemos superar com mais facilidade, uma espécie de síndrome, com várias causas, que estão relacionadas ao ambiente e ao funcionamento do cérebro naquelas quatro divisões que acabamos de explicar. Este livro chama de *síndrome do plano* o problema totalmente normal em relação ao planejamento e aos planos financeiros.

Dentro de nosso *plano financeiro personalizado*, essa síndrome ataca alguns tipos de planos específicos muito mais do que outros. No momento em que vamos planejar a viagem de um final de semana prolongado, podemos ser capazes de investir semanas de planejamento, sem qualquer sinal da síndrome. Mas na hora de formular um plano mais abrangente que, além de viagens, inclua a conquista das diversas etapas da independência financeira, que vai transformar a nossa vida para melhor por décadas, quanto tempo investimos? A *síndrome do plano* pode explicar essa diferença que, vista assim, parece até irracional.

Se tivéssemos que usar uma história de heróis populares para simbolizar esse antagonismo, poderíamos dizer que o *cérebro financeiro* é o nosso Batman e a *síndrome do plano* é o Coringa, um palhaço trapaceiro cujo grande objetivo é espalhar o caos.

Bem, então vamos começar investigando as consequências práticas desses problemas ocasionados pela *síndrome* junto ao *cérebro financeiro*. Assim, como ponto de partida, quero convidar você a diagnosticar melhor sua situação atual. Para isso, vamos examinar agora os graus possíveis que existem entre *fragilidade*, *estagnação* e *bem-estar financeiros*.

02.
RECONHECENDO OS PROBLEMAS

O ano era 1973, e um jovem programador teve uma ideia brilhante. Trabalhando sozinho em seu apartamento, ele desenvolveu um dos primeiros sistemas operacionais para computadores pessoais. O sistema logo se tornou um sucesso, e grandes empresas como a IBM queriam licenciar o software.

Então, com pouco mais de 30 anos, Gary Kildall ficou milionário. Sua habilidade em criar um produto certo na hora certa o colocou em um lugar de muito destaque no mundo da computação. Vendo sua trajetória até ali, seu destino parecia ser disputar o trono dessa indústria bilionária com figuras como Bill Gates e Steve Jobs.

Infelizmente, Gary morreu precocemente, aos 52 anos, depois de uma vida marcada por graves problemas financeiros. Vivendo no Vale do Silício, ele adotou um padrão que incluía mansões, iates, carros esportivos e festas luxuosas.

O senso comum culpará o consumo desses itens caros pelos problemas financeiros de Kildall. Mas esse é um diagnóstico incompleto. De um lado, a inteligência e o talento de Kildall o impulsionavam a *ganhar mais*. Porém, ele não soube dar a mesma atenção e dedicar o mesmo esforço às demais bases essenciais para prosperar e conservar essa prosperidade.

Parte do *cérebro financeiro* de Gary tinha uma performance extraordinária quando se tratava de fazer dinheiro através de seus conhecimentos em computação e negócios. Mas as outras partes falharam e não conseguiram ter a mesma performance, pois foram atacadas e derrotadas sucessivamente pela *síndrome do plano*.

UM AMPLO ESPECTRO DE DIFICULDADES

Se os problemas financeiros fossem representados pela escuridão, e o bem-estar financeiro pela luz, a mudança entre eles não seria fruto de uma alternância simples e binária, do tipo liga e desliga. Ir do baixo ao elevado nível de bem-estar financeiro não é como apertar um interruptor de luz, quando você está no escuro e dá um clique para iluminar de vez sua relação com o dinheiro. Para neutralizar a *síndrome do plano*, é preciso vencer algumas etapas.

O contrário também é verdadeiro, como foi o caso de Gary. Porém, ir de uma boa condição financeira até a pior fragilidade possível pode ser até mais fácil e rápido. A *síndrome do plano* nos conhece bem porque está dentro da nossa cabeça, e o estrago que ela pode fazer é enorme. O fato é que entre a máxima fragilidade e o mais alto nível de bem-estar existem muitos estágios de problemas financeiros, do mesmo modo que entre a escuridão e a luz existem diversos graus de iluminação. Descobrir e reconhecer onde você se encontra no momento é essencial.

Uma vez descoberto o seu ponto no espectro, é hora de girar o botão para a luz, como fazemos com um *dimmer*:[14]

Fragilidade financeira
Sem reservas, com dívidas excessivas e/ou inadimplente

Estagnação financeira
Poucas reservas e baixo crescimento financeiro

Bem-estar financeiro
Com reservas e crescimento, mas podendo melhorar

---

14 *Dimmer* é um dispositivo de controle de luminosidade de lâmpadas. Ele tem como função aumentar ou diminuir a intensidade de luz emitida no ambiente.

Nesse amplo espectro, existem três estágios e, para simplificar, vamos identificá-los por três tons, do mais escuro ao mais claro:

- No estágio mais escuro está o pior espectro, com diversos níveis de fragilidade. Aqui, episódios de estresse são muito mais frequentes. Essa é a situação mais grave e mais próxima da escuridão, marcada por falta crônica de dinheiro e alto endividamento. Em muitos casos, nesse estágio o crescimento financeiro é negativo, graças à corrosão causada pelos juros embutidos nas dívidas.
- No estágio cinza está o espectro intermediário da estagnação, uma situação perigosa em que muita gente está. Perigosa porque ela pode dar a falsa sensação de que está tudo bem. É aquele "zero a zero" nas entradas e saídas financeiras, em que as contas até são pagas em dia, alguns projetos foram realizados (muitos com empréstimos), mas o crescimento financeiro é baixo ou nulo.
- No estágio mais claro está o espectro dos diversos níveis de bem-estar financeiro. Com o dinamismo da vida, existe sempre um espaço para mais luz, porque bem-estar não deve ser sinônimo de acomodação. Ficar acomodado pode transformar bem-estar em estagnação e estagnação em estresse. Lembre-se de que Gary Kildall já esteve na faixa do bem-estar.

E você, onde está agora? Neste capítulo, vamos aprender como nos situar melhor nesses espectros de modo preciso. Lembre-se de que esses estágios não são vereditos definitivos. Eles representam um momento em suas finanças. Quem está no espectro escuro não precisa, nem deve, continuar ali. O esforço é sempre por obter mais luz e caminhar na direção do maior bem-estar possível.

A CORAGEM PARA ENCARAR A DOR

Ao longo desses anos, meu propósito tem sido desenvolver ferramentas, métodos e profissionais de finanças que ajudem a trazer o maior número possível de pessoas e famílias para a faixa do bem-estar financeiro, fazendo com que elas evoluam nesse espectro.

Com base nos estudos de caso trazidos por alunos, pelas pessoas atendidas por mim cara a cara ou por meio dos novos atendimentos digitais usando a tecnologia, em que interagimos por mensagens de texto ou de áudio, posso afirmar que os depoimentos e queixas se parecem demais com sessões de terapia, sobretudo na fase inicial.

Dilemas financeiros batem em cheio nos relacionamentos e na maneira como nos enxergamos no mundo. Por isso, um dos maiores cuidados entre os profissionais de finanças pessoais e demais provedores de serviços nesse mercado é com o sigilo. Com isso em perspectiva, coletei histórias representativas desses diferentes estágios do espectro financeiro e de suas respectivas cores.

Não foi fácil escolher as mais didáticas, pois cada caso tem uma história com desafios e curiosidades muito particulares. Mas os três que apresentarei a seguir ilustram bem os dramas psicológicos configurados por nossa relação com o dinheiro. Por isso, conheceremos em breve a *nova fumante envergonhada*, o *ex-cantor da informática* e a *mãe dos pets*.

Para preservar identidades, vamos chamar a primeira de Camila, uma típica representante da condição de *fragilidade financeira*. Daniel é o nosso ex-cantor, que agora trabalha como desenvolvedor de software para uma empresa no exterior, com típicos problemas de *estagnação*. Sofia, por sua vez, tem dois gatos e um cachorro, e trata todos igualmente como "filhos". Ela está dentro do espectro mais claro, mas isso não a livrou de desafios e dilemas financeiros, como veremos.

De todos, tivemos depoimentos muito francos e corajosos com a revelação de segredos que, segundo eles, não conseguiam contar a mais ninguém.

O Daniel, que tive a oportunidade de conhecer pessoalmente, certa vez me disse em uma reunião: "*No domingo, meu pai me chamou no canto, meio envergonhado, e perguntou se eu poderia ajudar a pagar o plano de saúde deles, que havia aumentado muito, e eu respondi que seria difícil, mas que tentaria*". Daniel, normalmente falante e bem-humorado, ficou com os olhos cheios de lágrimas.

Além desses três primeiros casos, será muito útil apresentar alguém que representa um grupo que tem muitas coisas em comum com os demais de sua categoria. Nele, estão as pessoas e famílias que já têm pleno domínio da sincronia entre as *quatro bases* do ganhar, gastar, poupar e investir. Ele está em um nível avançado de bem-estar financeiro. Nós já o conhecemos da visita que fiz a ele, quando me contou sobre sua intenção de adiar a aposentadoria. Vamos identificá-lo pelo nome fictício Samuel.

Em certo momento da vida, Camila, Daniel e Sofia tiveram a coragem de encarar seus desafios financeiros, colocando na cabeça que as finanças não devem ser fonte de sofrimento e que, para isso, deveriam enfrentar a *síndrome do plano*, mesmo sem saber, a princípio, de todo o poder desse inimigo.

Já o Samuel, mesmo com um patrimônio líquido elevado, que era maior do que os 4 milhões de dólares mantidos naquele plano de aposentadoria, teve a humildade de entender que a vida financeira, se fosse um esporte, seria algo meio maratona, meio corrida rápida – e que essas corridas acabam apenas quando a vida se encerra.

MEDIR PARA TRANSFORMAR

Quando falamos de finanças, um dos maiores desafios é quantificar o problema para que cada pessoa tenha a real dimensão de onde está. Assim, é possível planejar muito melhor as ações que nos levam para onde queremos e precisamos chegar.

Os chamados *scores* de crédito, presentes em vários países, nasceram com essa ideia. Mais recentemente, há cerca de dez anos, surgiram índices mais abrangentes, com a meta de classificar a saúde financeira de um modo mais global, levando em conta mais do que pagar contas e prestações em dia. Esse tipo de ferramenta já existe em algumas partes do mundo. Uma bastante poderosa para esse objetivo é o IBEFi.

O IBEFi, sigla para *Índice de Bem-Estar Financeiro*,[15] é um teste on-line que avalia seu atual estágio nas áreas fundamentais do planejamento financeiro pessoal. Ao responder um questionário, você recebe uma pontuação que pode ir de 0 a 1.000. Quanto maior sua pontuação, melhor está sua saúde financeira e o seu bem-estar financeiro. Camila, por exemplo, fez o

---

15 O teste pode ser feito pelo link: https://finan.to/ibefi.

dela e sua pontuação ficou em 300, o que era condizente com sua situação de *fragilidade financeira*.

No caso do Daniel, o índice foi de 420, apesar do alto salário. Um índice entre 300 e 500 indica certo equilíbrio entre entradas e saídas de dinheiro, mas está associado a baixas taxas de crescimento financeiro. Ou seja, representa um nível de independência financeira aquém do seu potencial. E esse era exatamente o caso dele. Sofia marcou 590 pontos, um sinal da presença de bons hábitos financeiros, mas com um grande espaço para melhorias.

Testes iniciais como o IBEFi, junto com uma análise de perfil comportamental, compõem o primeiro passo de nossa jornada para a transformação, pois envolvem um diagnóstico ao estilo "conheça a si mesmo", fundamental para traçar um *plano financeiro personalizado*. Falaremos mais desse primeiro passo no **Capítulo 7**.

E o Samuel? Bem, quando o conheci, o IBEFi ainda não existia, mas sou capaz de apostar que o dele ultrapassaria facilmente os 900 pontos (dos 1.000 possíveis).

Testes assim fornecem algo fundamental para qualquer processo de transformação que envolve seres humanos: dedicação e engajamento. Os pontos extras conquistados a cada trimestre, junto com os benefícios reais que a pontuação indica, funcionam como um componente motivacional importante, já que os humanos agem com a intenção de melhorar sua condição. Você também pode fazer agora o seu teste e entrar nessa jornada de crescimento financeiro, seguindo o método que apresentaremos aqui.

O QUE APRENDEMOS E COMO SEGUIR ADIANTE

Chegamos ao final deste capítulo com algumas conclusões e tarefas importantes. Reconhecer plenamente os problemas e desafios financeiros que você enfrenta é essencial. Isso significa identificar em qual espectro você está hoje: *fragilidade*, *estagnação* ou *bem-estar*. Quanto mais próximo da *fragilidade*, maior é o efeito negativo da *síndrome do plano* sobre o *cérebro financeiro*. Por outro lado, na medida que nos aproximamos da área do *bem-estar*, mais avançados estamos na luta para neutralizar a síndrome.

Então, faça o check-up financeiro por meio de um índice como o IBEFi e leia com atenção os resultados. Isso fornece um diagnóstico inicial da sua saúde financeira. O fato de você estar no espectro de *bem-estar* não significa, automaticamente, que você esteja livre de dificuldades e desafios com o dinheiro.

Não se culpe pelos problemas do passado. Sua corrida até agora pode ter machucado você, mas o passado é passado. Ele é bom para tirarmos lições para daqui em diante. Lembre-se de que a grande maioria das pessoas também lida com dificuldades financeiras. Basta ver a quantidade de endividados e de pessoas que vivem contando dias, horas e minutos até o próximo depósito cair na conta. Neste momento, porém, o que importa é olhar para frente e dar os próximos passos.

Então vamos para o **Capítulo 3** conhecer as histórias de Camila, Daniel e Sofia. Assim, quando chegar a hora, você poderá entender melhor o que fizemos junto com cada um deles para escrever uma nova etapa em suas vidas financeiras. Poderemos fazer o mesmo com você aqui, até o final deste livro.

03.
AINDA DÁ TEMPO

Após seu falecimento em 2023, aos 82 anos de idade, um homem virou notícia no mundo todo. Ele trabalhava como zelador em um estacionamento de trailers, local onde também morava. Em sua página na Wikipedia, é possível ler no título: "Geoffrey Holt, filantropo".[16] O seu melhor amigo disse saber que ele "tinha algum dinheiro guardado", mas não fazia ideia de que eram 3,8 milhões de dólares. Seguindo o desejo de Geoffrey, todo o valor foi doado à cidade de Hinsdale, onde ele vivia, no estado americano de New Hampshire.[17]

Geoffrey costumava rodar pela cidade em um pequeno trator de cortar grama, mas não se tem notícia de que ele tenha percorrido os poucos quilômetros que o separavam de seu colega de fama e filantropia, Ronald Read. Tudo indica que eles não se conheciam.

Na internet, Ronald é apresentado como um "filantropo, investidor, zelador e frentista americano". Sem que ninguém soubesse o tamanho de suas reservas financeiras, e vivendo sozinho na mesma casinha por décadas, Ronald faleceu antes de Geoffrey, em 2014, aos 92 anos, deixando 8 milhões de dólares. Cumprindo o seu testamento, 6 milhões foram doados para a biblioteca e para o hospital de Brattleboro, no estado de Vermont, vizinho de New Hampshire.[18]

---

16 GEOFFREY Holt. *In*: WIKIPEDIA. Disponível em: https://en.wikipedia.org/wiki/Geoffrey_Holt_(philanthropist). Acesso em: 21 maio 2024.

17 HOMEM que parecia pobre deixa doação de US$ 3,8 milhões para cidade melhorar educação e saúde. **CRN Online**, 25 nov. 2023. Disponível em: https://crn1.com.br/2023/11/homem-que-parecia-pobre-deixa-doacao-de-us-38-milhoes-para-cidade-melhorar-educacao-e-saude/. Acesso em: 21 maio 2023.

18 RONALD Read. *In*: WIKIPEDIA. Disponível em: https://pt.wikipedia.org/wiki/Ronald_Read. Acesso em: 21 maio 2024.

Geoffrey e Ronald viveram separados por uma viagem de pouco mais de 10 minutos de carro. A relação de ambos com o dinheiro foi incomum, revelando uma extraordinária capacidade de adiar gratificações, eliminando a procrastinação do esforço em prol das *quatro bases*, habilidade importantíssima para as finanças, sobre a qual falaremos mais adiante. Por serem tão adiadas, as recompensas não foram desfrutadas por eles em vida, mas se transformaram em um generoso legado para as suas respectivas comunidades. Se eles sofreram por medo ou ansiedade algum dia, é pouco provável que tenha sido por incertezas envolvendo dinheiro. Mesmo sem conhecer a metodologia completa, Geoffrey e Ronald usaram bem as *quatro bases*.

Na verdade, se conhecessem o **Método das 4 Bases®**, é provável que se sentissem estimulados a promover um "adiamento de gratificações" bem menos radical. Seus exemplos estão aqui mais com um objetivo didático: chamar a atenção para o fato que dois homens com rendas abaixo da média conseguiram, com consistência, formar reservas milionárias. Para uma boa quantidade de humanos, no entanto, o medo e a ansiedade costumam rondar a relação com as finanças, sobretudo quando não usamos o *método*, capaz de nos proteger dos imprevistos e de nos aproximar de nossos sonhos e objetivos. Vejamos os casos de Camila, Daniel e Sofia.

DIFERENTES ENDEREÇOS, DORES PARECIDAS

Normalmente, as manhãs começavam com horários e compromissos diferentes para cada um deles. Ao contrário de Ronald e Geoffrey, uma grande distância física os separava. Mas algumas dores, que pareciam insolúveis, os uniam. Para a professora Camila, o despertador costumava tocar às 5h30min. Ela preferia acordar mais cedo para se arrumar com calma e organizar o material de trabalho antes de sair. Quando o relógio marcava 7h, ela já estava na sala, pronta para a primeira aula. Certo dia, enquanto explicava a lição para alunos ainda sonolentos, começou a sentir a boca seca e os braços levemente dormentes.

A noite anterior tinha sido difícil. Havia discutido com o marido por causa do valor de um presente de aniversário para a filha. Nos seus pensamentos, ela e o marido tinham jeitos muito diferentes de encarar a vida.

Por isso, o casamento parecia estar na rota de um desfecho igual ao de sua melhor amiga, recém-separada. Camila nunca havia fumado na vida, mas há meses consumia, escondida, quase um maço de cigarros por dia

Bem distante dali, Daniel caminhava em direção à academia. Sua aparência revelava a disciplina com os exercícios. Porém, o bom físico não carregava uma mente sã, pelo menos naquele momento. Enquanto se alongava, pensava nas duas faturas de cartão de crédito que venceriam em poucos dias. Além do valor habitual com a pensão do filho, naquele mês havia uma despesa adicional e imprevista. E o pior: o plano de saúde que ele pagava para os pais teria mais um aumento bem acima da inflação. Suas poucas reservas iriam embora e ainda faltaria dinheiro.

As taxas de juros do mercado andavam altas, e ele ainda não tinha certeza a qual linha de crédito recorreria. Mas era certo que ia precisar de um empréstimo. Havia vários dias que esses pensamentos tomavam sua atenção, e o rendimento no trabalho já estava sendo afetado. Como desenvolvedor de software, sabia que ganhava bem, muito acima de média. Mas sentia estar empobrecendo. Por um instante, sentiu saudades dos tempos de banda, quando tocava em bares e festas de casamento. Será que dava para fazer uma renda extra com isso?

Vivendo a centenas de quilômetros de Camila e Daniel, Sofia trabalhava em um sistema híbrido da empresa, meio presencial, meio remoto. Nos seus dias de *home office*, ela notava que a jornada era mais tranquila. Apesar de não morar longe, ir ao escritório a deixava mais cansada. O trabalho em casa permitia que ela fizesse suas aulas de yoga e acordasse um pouco mais tarde. Sem contar o tempo que sobrava para tomar um café tranquilo, acompanhada de perto por seus gatos. Enquanto ouvia o barulho da cafeteira terminando o serviço, uma voz interior dizia que "havia passado da hora de mudar de emprego". No entanto, como pedir demissão de um cargo de gerência tão cobiçado? Seu grande desejo era morar fora por um tempo, enquanto fazia uma especialização. Tirar uma espécie de ano sabático. Mas o que diriam seus pais e amigos, tão orgulhosos da posição que ela havia alcançado?

Sofia também tinha medo de consumir suas reservas, conquistadas com muito sacrifício. O custo do curso, o aluguel fora, todas as outras despesas – e nenhum dinheiro entrando – tornavam as contas assustadoras.

Suas economias não eram tão grandes a ponto de resistir àquela sangria. Ela já tinha refeito aquele cálculo mais de dez vezes.

De um lado, a insatisfação com algumas atitudes da empresa e da sua chefia davam aquele empurrão adicional para ela sair. Por outro, os custos envolvidos e a prestação de seu apartamento eram âncoras pesadas que a prendiam no atual emprego. Ela não queria ter que chegar de novo no caixa do supermercado e abandonar produtos por não ter dinheiro suficiente, como já fizera no passado.

Viu como mesmo quando tudo parece estar bem, há problemas por trás das situações vivenciadas? A vida de Sofia parecia estar perfeitamente nos trilhos, mas ela estava insatisfeita; Daniel tinha um bom trabalho, ganhava bem, mas lutava para pagar as contas. Camila, além de ter um trabalho estressante e mal remunerado, estava às voltas com problemas de relacionamento que tinham como raiz questões financeiras. Cada um deles vivia seu próprio drama.

O desejo de trocar de emprego, de ocupação ou de área acompanha muitas pessoas, seja a partir da necessidade de *ganhar mais* ou de buscar estar mais perto daquilo que gosta de fazer. Problemas financeiros, com a insuficiente acumulação de reservas, dificultam isso, fazendo a pessoa travar em um círculo aparentemente sem solução: quero demais sair do meu trabalho, mas não posso sem ter uma outra opção "segura" nas mãos. Adiante veremos as soluções que recomendamos nesse quesito, em particular para Camila e Sofia, as mais afetadas por isso.

O DRAMA DA SALA ESCURA

Conforme já vimos nos capítulos anteriores, a ação humana vem sempre acompanhada de um propósito. Mesmo largados no sofá ou dormindo profundamente, estamos agindo com uma finalidade, ainda que o objetivo, naquele momento, seja apenas a apatia ou o descanso.

Nas finanças, nosso objetivo ao longo do tempo é melhorar de vida, aumentando o conforto e reduzindo as incertezas. Porém, a incerteza é um componente que sempre está presente em nossas ações. Não temos a garantia do sucesso pelo simples motivo de que existem variáveis que não controlamos. Posso achar que mudando de emprego me livrarei de um chefe que não gosto, mas talvez encontre um colega de trabalho insuportável no emprego seguinte. Da mesma forma, muitos idealizam aquilo que supostamente acham que é sua paixão profissional. Descobrem, depois, que a nova área tem partes chatas com as quais não contava.

É verdade que, com as ações coordenadas do nosso plano para *ganhar mais, gastar bem, poupar certo* e *investir melhor*, com equilíbrio, elevamos brutalmente nossas chances de sucesso, porque percorremos mais rápido as diversas fases da independência financeira. Quando somos mais livres, até os julgamentos ficam mais consistentes. Mesmo assim, incertezas permanecem.

Agora, imagine pessoas que não planejam ou que planejam errado. Nesses casos, as incertezas aumentam consideravelmente e podem ocasionar danos muito maiores, em uma espiral que é possível resumir em quatro fases:

- Na primeira, *a incerteza desestimula as ações de planejamento financeiro*: "Se tudo é tão incerto, o que adianta planejar?". E então, quanto menos planejam, maiores se tornam as incertezas. E quanto maiores as incertezas, mais negligenciado é o planejamento financeiro, entrando em um círculo vicioso horrível.

- Na segunda fase, *surge uma certa intolerância à incerteza*. Em vez de encararmos a incerteza como uma variável presente em qualquer ação de planejamento, ela passa a nos apavorar, como se a incerteza fosse trazer o fracasso de modo automático.

- Na terceira fase, aparece algo que os pesquisadores em ciência comportamental já mapearam: *a relação próxima entre a intolerância ao desconhecido e a ansiedade*. De modo análogo a uma intolerância alimentar que causa transtornos gastrointestinais, a intolerância à incerteza passa a gerar transtornos de ansiedade. É como se estivéssemos em uma sala escura, com o medo acompanhando qualquer movimento nosso.

- Na quarta e última fase, as relações de causa e efeito dos problemas se embaralham: *o estresse e a ansiedade começam a afetar outras dimensões da vida*. Passamos a culpar os relacionamentos afetivos ou o trabalho, enquanto a verdadeira raiz do problema está em questões financeiras.

O CIGARRO, O CANTOR E O GATO

Para os seres humanos, o estresse é uma resposta a uma ameaça imediata e, por isso, tende a ser temporário, enquanto a ansiedade é um estado mais persistente de preocupação que pode ter uma duração prolongada. O estresse, em geral, afeta a concentração e o comportamento, muitas vezes levando a uma sensação de sobrecarga ou incapacidade de lidar com tarefas específicas.

O estresse é frequentemente de curto prazo e se resolve uma vez que a situação estressante termina. Todos nós passamos por episódios de estresse durante a vida. Já a ansiedade é caracterizada por preocupações, medos ou apreensões persistentes. Ela é mais prolongada que o estresse e pode gerar perturbações no sono, dificuldade de concentração fortes e um estado constante de preocupação ou medo.

Problemas similares aos de Camila, Daniel e Sofia aparecem com grande frequência em nossas plataformas digitais de atendimento direto e nos estudos de caso trazidos por profissionais que passam por nossos treinamentos. Essas pessoas conseguiram perceber que algum tipo de suporte especializado poderia ajudá-las. Infelizmente, para muitas delas, essa percepção pode demorar a aparecer.

Nos casos iguais aos de Camila, que está na área escura da *fragilidade financeira*, os sintomas de estresse aparecem com maior frequência. Além disso, apresentam uma chance maior de desenvolver um quadro de ansiedade que, infelizmente, pode ser duradouro e levar a transtornos ainda mais graves. Ela se sentia pressionada pelos problemas no casamento, pela incapacidade de proporcionar o melhor para a filha e por dívidas vencidas que já representavam o equivalente a um ano de seu salário como professora. No banho ou no escuro do quarto, chorava por negar à filha a opção por certos pratos no cardápio do restaurante. Camila, como comentamos, que nunca havia tocado em um cigarro antes, começou a fumar. Tentava achar no cigarro um alívio temporário para a ansiedade. O novo hábito, que lutava para manter em segredo, adicionava uma camada de vergonha e preocupação à sua vida já complicada.

A situação de Daniel chegou ao intolerável quando o seu cartão foi recusado com uma mensagem de "saldo insuficiente" ao final de um encontro com amigos. Muito envergonhado, mas usando aquele constrangimento como gatilho, resolveu retomar a banda para tocar em festas e bares, mesmo que isso significasse ficar acordado no dia seguinte à base de café e energéticos. No entanto, como perceberia alguns meses depois, o trabalho noturno começou a afetar ainda mais a sua performance no trabalho.

Sofia, por sua vez, não demorou a reconhecer a necessidade de contar com uma ajuda para ter um plano financeiro que a levasse mais rápido aos seus objetivos. No entanto, se sentiu mal após a primeira sessão, por ter sido muito rude com o profissional que a atendeu. Ainda pouco experiente, o planejador financeiro sugeriu que ela poderia acelerar seus objetivos financeiros "doando" um dos gatos, cujas despesas eram caras. O conselho entristeceu e irritou muito Sofia, que via seus gatos não apenas como animais de estimação, mas como parte da família.

NOSSOS SISTEMAS DE DEFESA

Enquanto estão procrastinando a busca por algum tipo de ajuda, as pessoas constroem soluções incompletas ou justificativas erradas para todos esses problemas. Algumas passam a consumir, de modo aleatório, toneladas de conteúdo sobre "educação financeira". Esses conteúdos, em geral, são bons e necessários, mas são limitados em termos de estratégias de ação financeira concreta, por meio de um plano personalizado. Sendo assim, pouco adianta buscar mais "educação".

Embora necessário, repito, se o conhecimento genérico fosse suficiente para resolver problemas assim, ninguém fumaria nem estaria acima do peso. Ronald e Geoffrey, por exemplo, já contavam com milhões de dólares em suas reservas quando os conteúdos sobre finanças inundaram a internet. Por outro lado, existe uma multidão de pessoas que não busca nem esse conhecimento básico. Elas usam bem as proteções que a mente dispõe para evitar o sofrimento e se colocam em negação.

Isso dificulta que enxerguem as reais causas dos problemas e, por consequência, sua solução prática. Nossa mente é hábil em contar histórias para nós mesmos, construindo boas justificativas para nos proteger da dor.

Assim abrimos as redes sociais, e o senso comum fornece as confirmações racionais de que precisamos para procrastinar. Passamos a acreditar que aquela é a única realidade possível, o que gera conformismo e aceitação. "Quero guardar dinheiro, mas as contas não deixam". "Se o mercado não fosse tão insensível". "Eu não sou bom com dinheiro". "Eu ganho pouco". "Preciso jogar mais na loteria". "Vivo em um país pobre e desigual". "Meu avô tinha dinheiro, mas perdeu tudo". "Se eu não me endividar, nunca terei nada". "Minha família nunca teve dinheiro". "Não sei se vou estar vivo amanhã". E por aí vai.

Afirmações assim não estão totalmente desconectadas da realidade, é claro. Mas elas nos ajudam apenas a permanecer falsamente confortáveis em nossa panela, tal como aquele sapo que não percebia que a água, ainda morna, esquentava lentamente. Na sala dos professores, Camila ouvia muitas histórias complicadas de colegas com problemas de dinheiro. Quanto mais triste e complicada, maior era o alívio que sentia – junto com uma certa culpa. Naturalmente ela não ficava feliz pelas dificuldades dos colegas, mas aliviada por o seu caso não ser o pior da sala. Esse é um típico mecanismo de defesa, uma espécie de água morna em que mergulhamos para nos esquentar e aliviar a dor.

Da mesma forma, Daniel sempre culpava o governo pela quase totalidade de suas dificuldades com dinheiro. Confuso, não sabia se prosseguia com a renda extra da banda ou se saía do país. "Mas é difícil sair do país se toda a sua vida está aqui: pais e um filho pequeno que dependem de você", dizia. Curiosamente, ao mesmo tempo que culpava o governo por seus problemas, era um entusiasta de intervenções e regulações governamentais. "As autoridades precisavam fazer alguma coisa sobre isso", era uma de suas frases mais repetidas. Por conta dos problemas com o plano de saúde do seu pai, ele muitas vezes contratava advogados para obter benefícios do plano através da judicialização do contrato.

A boa notícia é que não importa sua idade, seu nível de renda e seu índice de bem-estar financeiro no momento. Você pode pular dessa panela agora. Então, vamos entrar no nosso *cérebro financeiro* e desvendar, de uma vez por todas, as causas internas e externas de nossos problemas com o dinheiro. E como a consciência das causas reais impactou Camila, Daniel e Sofia.

04.
A SÍNDROME DO PLANO

No início dos anos 1970, Walter Mischel, psicólogo e professor da Universidade de Stanford, observava grupos de crianças pré-escolares participando de um de seus experimentos mais famosos. Na sala de pesquisas montada na creche que atendia os funcionários da universidade, Mischel e seus colaboradores instalaram uma grande caixa. Dentro dela, havia guloseimas e luzes coloridas girando lentamente de maneira tentadora, junto com um grande palhaço de brinquedo com um largo sorriso no rosto.[19]

Em cada grupo, os pesquisadores pediam às crianças que se concentrassem em uma tarefa monótona qualquer, como copiar desenhos ou montar um quebra-cabeça pouco atraente. Explicavam que a conclusão da tarefa era necessária para que eles recebessem certas recompensas no final. Quando os psicólogos saíam da sala para que as crianças começassem a trabalhar, a "Caixa do Palhaço" entrava em ação. Ela começava a piscar e chamar os pequenos para olhar e brincar. Visualize a criança tendo que realizar uma tarefa necessária, porém sem graça, com um palhaço dizendo no ouvido dela sem parar: "*Vamos brincar!*", "*Aproveite agora!*", "*Olha que doces gostosos que eu tenho para você!*", e assim por diante. Você culparia alguma daquelas crianças por não resistir a essa quase tortura psicológica promovida pelo palhaço?

O experimento da caixa é um bom começo para entender o que vivemos todos os dias, já na vida adulta. É só trocar as tarefas propostas às crianças pela elaboração e execução de um plano financeiro, por exemplo, para perceber o quanto estamos expostos a um palhaço muito mais poderoso do

---

19 SELIG, M. Procrastinating? How to defeat "Mr. Clown Box". **Psychology Today**, 15 nov. 2012. Disponível em: https://www.psychologytoday.com/intl/blog/changepower/201211/procrastinating-how-to-defeat-mr-clown-box. Acesso em: 21 maio 2024.

que o da caixa. Um palhaço simbólico, que esse livro chama de *síndrome do plano*, e que é a grande causa de nossos problemas financeiros.

Na vida adulta, somos constantemente atacados por essa síndrome, mesmo que em diferentes intensidades. O palhaço já não está preso em uma caixa que você pode trancar na sala. Ele está em nossa cabeça, acompanhando-nos em todas as nossas ações. Embora focado também na sabotagem, igual ao palhaço da caixa, a *síndrome do plano* usa um repertório bem pior.

Então, não se culpe. Camila, Daniel, Sofia e até mesmo o muito bem-sucedido Samuel já padeceram dessa síndrome em algum grau. Pelo simples motivo de que são humanos, vivem em sociedade e têm um *cérebro financeiro* igual a todos nós.

O SORRISO SINISTRO DA SÍNDROME

No experimento do professor Mischel, que ficou conhecido como "Mr. Clown Box", as crianças que conseguiam resistir só o faziam porque criavam algum tipo de método de ação que as protegia da influência negativa do palhaço.

A essência desse método intuitivo de algumas crianças de Stanford está também presente no *método* que veremos adiante. A figura do palhaço trapaceiro revela um arquétipo muito antigo presente em várias sociedades ao longo dos tempos. Escondendo suas intenções por trás de sua fantasia, ela age de maneira maliciosa e até perversa. No mundo da ficção, um exemplo ilustrativo é o Coringa, conforme já comentamos anteriormente, cujo propósito é espalhar o caos.

A *síndrome do plano* usa todo o tipo de truque para nos atrapalhar, tal como o palhaço da caixa em Stanford. O palhaço da síndrome nos paralisa diante de planos financeiros mais elaborados, mas age também nas partes menores de nossas ações, quando temos que terminar um trabalho, mas somos atraídos pela dopamina que o palhaço nos oferece em troca de mais uma olhada aleatória na rede social.

Os problemas com dinheiro que notamos nas histórias de Camila, Daniel e Sofia decorrem da dificuldade de montar o plano, equilibrando o esforço entre as ações de *ganhar, gastar, poupar* e *investir*. Como vimos, sua execução deveria ser natural, porque os seres humanos usam esse plano desde sempre para ter controle, crescimento e bem-estar financeiros, quando colocam a razão como protagonista e vencem o incômodo de adiar as recompensas.

Quando falamos em plano, nos referimos a quatro ações básicas: ganhar, gastar, poupar e investir. Não significa que todos devam ter os mesmos planos financeiros. Conforme já sabemos, cada um de nós precisa de um *plano financeiro personalizado*, formado pela união do *plano essencial* das *quatro bases* e do *plano complementar*, que facilita sua execução, além do conjunto dos objetivos e metas particulares que cada pessoa ou família tem na vida.

Mas para ser possível o sucesso na execução do plano, precisa haver a integração e a cooperação entre as divisões do nosso *cérebro financeiro*: a parte *racional*, a *comportamental*, a *motivacional* e a *instintiva*. A síndrome do *plano* age dificultando essa cooperação.

Estudos de neuroimagem, como a ressonância magnética funcional (fMRI), têm mapeado a ativação dessas regiões do córtex pré-frontal[20] durante a realização de tarefas cognitivas e emocionais, conseguindo identificar o posicionamento das estruturas racionais. Também conseguiram investigar a ativação do córtex pré-frontal e do sistema límbico[21] durante a regulação cognitiva de emoções, além da própria interação entre ambos.[22]

Por outro lado, as divisões comportamental e motivacional não têm núcleos bem definidos, sendo ambas o resultado da articulação de diversas estruturas cerebrais. Na imagem a seguir, elas estão representadas por pontos cinzas, enquanto as divisões com núcleos definidos estão marcadas em preto.

---

20 KOECHLIN, E. The Architecture of Cognitive Control in the Human Prefrontal Cortex. **Science**, v. 302, n. 5648, p. 1181–1185, 14 nov. 2003.

21 PHELPS, E. A. Human Emotion and Memory: Interactions of the Amygdala and Hippocampal Complex. **Current Opinion in Neurobiology**, v. 14, n. 2, p. 198–202, abr. 2004.

22 OCHSNER, K. N. *et al*. Rethinking Feelings: An fMRI Study of the Cognitive Regulation of Emotion. **Journal of Cognitive Neuroscience**, v. 14, n. 8, p. 1215–1229, nov. 2002.

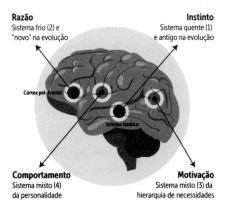

Quando conseguimos alinhar bem as estruturas presentes em nosso *cérebro financeiro*, significa que estamos conseguindo acionar o método, e isso aumentará muito nossas chances de neutralizar toda a bagunça provocada por esse palhaço trapaceiro que mora ali. Começaremos a explicar como conseguir esse alinhamento em breve, no **Capítulo 5**. Mas para chegar a esse alinhamento, você precisa entender as funções essenciais dessas divisões e como o desalinhamento entre elas nos traz tantos problemas.

Como representado na figura anterior, os sistemas quente e frio, da *razão* e do *instinto*, têm centros bem definidos e mapeados na estrutura cerebral.[23] O pesquisar israelense-americano vencedor do prêmio Nobel de economia, Daniel Kahneman,[24] falecido em 2024, chamou essas estruturas de sistemas 1 (pensamento rápido) e 2 (pensamento lento). A *razão*, com o seu modo lento, tem sua sede na área próxima à testa. Ela é mais nova na evolução, tendo começado a se tornar decisiva entre nós há cerca de cinquenta mil anos. Naquela época, fizemos nossa primeira revolução, a cognitiva, inventando a linguagem. Portanto, a *razão* requer pensamento mais elaborado, fruto de um processamento mais lento e trabalhoso. O autocontrole para resistir às tentações, mirando prazos mais longos, é responsabilidade dela.

Já o sistema quente comanda o nosso *instinto*, sendo um pensamento mais rápido. Ele já existia desde o início da saga evolutiva do *sapiens*, há

---

23 MISHEL, W. **O teste do Marshmallow**. Rio de Janeiro: Objetiva, 2016.

24 KAHNEMAN, D. **Rápido e devagar**: duas formas de pensar. Rio de Janeiro: Objetiva, 2012.

centenas de milhares de anos, ajudando-nos a reagir rapidamente às ameaças e oportunidades da natureza, incluindo a missão de gerar descendentes. Seu epicentro também está bem definido,[25] localizado na região central do cérebro, próximo à sua base.

Boa parte do desalinhamento provocado pela *síndrome do plano* ocorre quando o *cérebro financeiro* coloca o *instinto* no comando das ações.

Daniel, por exemplo, costumava sair para beber com amigos três ou quatro vezes na semana, além de pedir refeições de restaurantes caros, por aplicativo, quase todos os dias, comprometendo o seu orçamento. Em suas decisões financeiras, estava com a *razão* sendo submetida ao comando do *instinto*, que nos induz a aproveitar as recompensas no presente, de preferência com o mínimo de esforço necessário, colocando praticamente todas as ações de nossa vida em modo automático.

Na pré-história, esse modo automático era muito útil, de fato. Colocando o *instinto* no comando, era possível atacar e fugir com rapidez, além de buscar comer o máximo possível quando houvesse oportunidade, evitando depois o desperdício dessa energia acumulada.

Daniel tinha certa consciência de que as coisas estavam erradas: "*Não posso ser um escravo dos meus desejos*", pensava ele. E então, *razão* e *instinto* entravam em disputa até que o palhaço da *síndrome* soprava no seu ouvido uma desculpa qualquer, desempatando a favor do instinto: "*Você merece esses prazeres porque é muito dedicado no seu trabalho!*".

Tendo uma remuneração acima da média, Daniel estava cuidando muito bem da base do *ganhar mais*, e efetivamente vinha ganhando mais ao longo dos anos, bem acima da inflação. Mas, com a ação da síndrome, negligenciava as demais, começando pela base do *gastar bem*, o que dificultava qualquer iniciativa nas ações de *poupar* e *investir*.

Esse desalinhamento no *cérebro financeiro*, como no exemplo do Daniel, dificulta muito a execução do *plano essencial* das *quatro bases*, com a dedicação do mesmo esforço positivo em quantidade e qualidade a cada uma delas.

Já Sofia falhava em *poupar certo* diante dos seus objetivos, embora fosse bem-sucedida nas demais bases de suas ações financeiras: ela vinha

---

25 MISHEL, W. *op. cit.*

sistematicamente ganhando mais, gastando relativamente bem e buscando investir cada vez melhor. Porém, seu nível de poupança não estava bem conectado com seus objetivos. Camila, em sua situação de *fragilidade financeira*, vinha falhando em dar atenção a praticamente todas as bases.

RAZÃO, INSTINTO, MOTIVAÇÃO E COMPORTAMENTO

Nas nossas pesquisas, identificamos dois outros sistemas agindo no *cérebro financeiro*. Eles têm temperatura mista e variável, os quais chamamos de sistemas 3 e 4: a *motivação* e o *comportamento*. Nenhum dos dois têm um núcleo na anatomia cerebral. Enquanto divisões do *cérebro financeiro*, sua ação ocorre com a mobilização de diversas estruturas em nossa cabeça. *Motivação* e *comportamento* são muito poderosos para prejudicar o *cérebro financeiro* e favorecer a *síndrome do plano*, quando não estão bem articulados com a *razão* e com o *instinto*.

No *comportamento*, a professora Camila foi identificada como tendo um perfil naturalmente comunicativo, pelo seu elevado "I", de "Influência", segundo o teste DISC, usado para traçar perfis a partir de caraterísticas presentes nos comportamentos.[26]

A combinação de um "I" elevado com os demais fatores comportamentais presentes nela, tornavam Camila muito sensível à opinião que acreditava que os outros tinham dela. Não suportava, por exemplo, a ideia de que seu círculo social a visse como uma mãe desleixada, não provendo o melhor possível para Alice, sua única filha. Isso irritava muito seu marido que, por características também comportamentais, não se importava tanto assim com a opinião dos outros.

Cerca de um ano antes de começar a ter apoio em sua jornada financeira, Camila havia contratado um produto de previdência para Alice, com um objetivo educacional pouco específico. Contudo, a proteção financeira imediata da família, que deveria cobrir os imprevistos financeiros mais urgentes da casa, não existia. Pelo contrário, as dívidas de curto prazo se acumulavam. Camila estava dando atenção maior à base do *investir* e negligenciando as demais.

---

[26] Você pode fazer o teste acessando o link https://finan.to/disc, sendo redirecionado para empresas que o oferecem gratuitamente na internet.

Mesmo assim, investia errado. Iniciar um plano de previdência seria importante para ela e para o marido, desde que as dívidas estivessem sendo eliminadas e a construção de uma reserva para imprevistos estivesse concluída. Porém, naquele momento de *fragilidade financeira* em que estava, um plano daquele tipo para a filha, cheio de regras tributárias que dificultavam o resgate, não devia ser a prioridade.

No *cérebro financeiro*, uma última divisão é dedicada a nos mover na escolha das prioridades de acordo com uma certa hierarquia de necessidades: a *motivação*.[27] Camila, porém, estava colocando necessidades de terceiro e quarto grau à frente de necessidades mais prioritárias de primeiro e segundo grau. Necessidades sociais e de estima, por exemplo, como uma festa de aniversário cara para a filha, estavam sendo colocadas na frente de necessidades de segurança, como a formação de um fundo que garantisse a independência financeira da família em relação a imprevistos. Trataremos do bom uso da divisão motivacional no **Capítulo 9**.

Por trás de todo esse desalinhamento no *cérebro financeiro* de Daniel, Camila e, em certa medida, de Sofia também, estava o sorriso da *síndrome do plano*, vestindo uma fantasia colorida, mas com intenções sinistras de sabotagem.

Quando a razão sai do controle, fica muito mais difícil executar o *ganhe mais*, o *gaste bem*, o *poupe certo* e o *invista melhor* com a mesma força positiva em cada uma dessas bases. Para recolocar a razão no leme, é preciso recorrer a uma metodologia também baseada em aspectos naturais da ação humana, que veremos em breve.

NOSSA DIVISÃO RACIONAL PERDE O LEME DO BARCO

Conforme ficou demonstrado, a *síndrome do plano* é o fenômeno que afeta a capacidade das pessoas de resistir a certas recompensas aleatórias e imediatas, o que dificulta a execução dos seus planos financeiros, desde os mais simples

---

[27] OLESON, M. Exploring the Relationship Between Money Attitudes and Maslow's Hierarchy of Needs. **International Journal of Consumer Studies**, v. 28, n. 1, p. 83-92, jan. 2004. Disponível em: https://doi.org/10.1111/j.1470-6431.2004.00338.x. Acesso em: 3 jul. 2024.

até os mais complexos. A síndrome ocorre quando há dificuldades em harmonizar as divisões *racionais*, *comportamentais*, *motivacionais* e *instintivas* do *cérebro financeiro* para criar e seguir um plano financeiro personalizado, usando as ações financeiras básicas de *ganhar*, *gastar*, *poupar* e *investir*. Mas como essa bagunça começa e se fortalece a ponto de dificultar tanto nossa reação?

Se as nossas finanças fossem um barco, o *cérebro financeiro* seria o capitão, com uma tripulação que teria tudo para trabalhar junta, de maneira coordenada, como um time. A *razão* estaria no leme, enquanto a *intuição*, o *comportamento* e a *motivação* estariam em posições auxiliares importantes. Se preferir, lembre da comparação que fizemos anteriormente com as corridas de Fórmula 1, em que nós, com o nosso *cérebro financeiro*, somos os líderes da equipe. Ficamos no rádio passando as estratégias da corrida, esperando que a *razão*, nosso piloto, tome as melhores decisões em benefício do carro e do time.

Elas deveriam trabalhar de modo bem coordenado, sob as ordens do *cérebro financeiro*, para que nossas finanças não perdessem o rumo ou simplesmente naufragassem. Mas não é isso o que acontece. Enquanto uma criança ainda não tem o centro da razão (o córtex pré-frontal) bem desenvolvido igual ao de um adulto, todos que já passaram dos 25 anos já estão com esse equipamento plenamente formado.[28]

Então por que o palhaço da *síndrome* pode nos atrapalhar tanto na vida adulta, tal como atrapalhava as crianças da creche em Stanford? Por que a *razão* é sistematicamente tirada do leme do nosso barco – ou do volante do nosso carro – das finanças?

Você já conheceu a anatomia e o propósito da *síndrome do plano*. Também descobriu onde ela vive, testemunhando sua capacidade de atacar nossos planos e descontrolar nossas finanças através do desalinhamento das divisões do nosso *cérebro financeiro*.

Agora chegou o momento de saber como ela se alimenta e ganha força, espalhando-se entre os membros de uma família como a da Camila e contaminando toda uma sociedade, mesmo nos países mais ricos do mundo.

---

28 SOWELL, E. R. *et al*. *In Vivo* Evidence for Post-adolescent Brain Maturation in Frontal and Striatal Regions. **Nature Neuroscience**, [s. l.], v. 2, n. 10, p. 859-861, 1999. Disponível em: https://www.nature.com/articles/nn1099_859. Acesso em: 8 de junho de 2024.

05.
OS ALIMENTOS DA *SÍNDROME*

Nos primeiros meses de 1972, enquanto o professor Mischel fazia suas pesquisas em Stanford, o pai de Samuel enfrentava, do outro lado do oceano, o pior momento dos seus negócios. Por muitos anos, ele vinha sendo um empresário bem-sucedido tanto em seu país quanto em nações vizinhas na região central do continente europeu. No entanto, alguns meses antes, uma série de intervenções estatais bagunçou rapidamente o mercado em que atuava. Naquela altura, a verdade triste é que sua empresa já estava bem próxima da falência.

Esse momento da vida de Samuel mostra um dos alimentos preferidos da síndrome: o enfraquecimento da liberdade, no caso, a liberdade econômica, uma das *bases sociais* cuja escassez fortalece a *síndrome do plano*. Afinal, as pessoas acabam com medo de fazer planos se as regras do jogo mudam dessa maneira, com leis e normas surgindo de repente e dificultando a vida econômica e financeira.

Com essa alimentação forte, a *síndrome do plano* é capaz de evoluir para a teleofobia, versão bem mais grave sobre a qual já comentamos, que é o medo elevado e irracional de fazer planos. Suas vítimas passam a ter um medo ainda maior da possibilidade de fracasso, de que os planos possam trazer frustrações e prejuízos.

Após o evento devastador da falência, o pai de Samuel passou a sentir pavor frente a qualquer tipo de plano mais elaborado, e isso contaminou toda a família. A *síndrome do plano* já caminhava junto a esse tipo de fobia, começando a gerar episódios de síndrome do pânico no empresário, que viu seu trabalho de décadas ser destruído em poucos meses. Foi nesse momento que Samuel, mesmo ainda bastante jovem, reuniu forças para ajudar o pai a contornar a situação. Para isso, elaboraram e executaram o plano mais audacioso de sua vida: mudar de país.

Já revelamos que a *síndrome do plano* tem múltiplos fatores entre suas causas potenciais, mas ainda não os descrevemos completamente. Muitos têm sua síndrome alimentada por todas essas causas relacionadas abaixo, enquanto outros padecem como resultado de uma parte delas.

a) *dificuldades naturais evolutivas;*
b) *fraqueza nas bases sociais;*
c) *ideias financeiras erradas ou antiprosperidade;*
d) *problemas com educação financeira.*

Três desses itens já são relativamente conhecidos. Por isso, dedicaremos uma explicação um pouco mais detalhada ao item "b", porque ele é subestimado na área de finanças pessoais. Foi ele que derrubou o pai de Samuel. Outra coisa não tão óbvia que pode ser chocante para muitos é que, infelizmente, existem interesses organizados em alimentar a *síndrome do plano*. Isso mesmo: humanos alimentando a *síndrome* em outros humanos para tirar vantagem disso.

AS DORES DA EVOLUÇÃO

Os experimentos de psicólogos e economistas mostram que vivemos um embate permanente entre os sistemas quente e frio ou, em outras palavras, entre pensamento rápido e lento quando agimos tomando uma infinidade de decisões, tão numerosas quanto a quantidade de palavras usadas neste livro.

Estudos mapearam que tomamos algumas dezenas de milhares de decisões em um único dia, desde as mais automáticas até as bem pensadas.[29] O uso da *razão* requer mais tempo e energia, por isso automatizamos tarefas para que elas sejam executadas instintivamente, quando possível, economizando a preciosa energia do cérebro.

Dirigir, escovar os dentes e levar o garfo até a boca, por exemplo, estão no automático. No comando dessas atividades automáticas está o sistema límbico, centro do *instinto*, que é muito mais antigo, natural e "experiente".

Então, quando precisamos tomar uma decisão racional, entramos em uma área de risco. O risco de a *razão* perder o comando, tendo em vista que seu uso dá mais trabalho, gasta mais da nossa energia cerebral limitada, além de ser muito mais recente em nossa saga evolutiva. A implementação de um plano financeiro demanda muito desse pensamento racional.

As ações humanas de *ganhar*, *gastar*, *poupar* e *investir* têm "apenas" dez mil anos, considerando sua consolidação com a invenção da agricultura. Na melhor das hipóteses, se considerarmos suas formas mais ancestrais, antes da revolução agrícola, são cerca de cinquenta mil anos. Dentro da saga humana, que acumula muito mais tempo, dez mil ou cinquenta mil anos é relativamente pouco. Por isso, sensações como medo e insegurança podem surgir em nossos pensamentos ainda hoje, sobretudo nas tomadas de decisão mais trabalhosas.

Com o conhecimento atual obtido pelos modernos exames de imagem cerebral,[30] além dos estudos de neurocientistas e psicólogos evolutivos, sa-

---

29 PIGNATIELLO, G. A.; MARTIN, R. J.; HICKMAN, R. L. Decision Fatigue: A Conceptual Analysis. **Journal of Health Psychology**, v. 25, n. 1, p. 123-135, 23 mar. 2018.

30 FIUZA, R. **A consciência**: uma viagem pelo cérebro. Rio de Janeiro: Di Livros, 2011.

bemos que a evolução do centro racional, próximo à testa, é mais recente. Logo, temos menos experiência em lidar com esse poderoso recurso. Mas isso é apenas uma parte da explicação.

A quantidade de informações e estímulos com os quais temos que lidar na vida contemporânea cresce em um ritmo impressionante. Desde o momento que acordamos, somos bombardeados com uma sobrecarga de informações. Os *feeds* infinitos de redes sociais inundam a nossa cabeça, junto a outros tantos estímulos e distrações, dificultando o trabalho da *razão* ao leme de nossas decisões. Muita coisa ajuda a comprometer o bom funcionamento do *cérebro financeiro*.

O uso da nossa divisão racional consome muito tempo e energia. Processar tantas informações e tomar muitas decisões depende cada vez mais de liberar o cérebro, automatizando bons hábitos de formulação e execução de planos, usando as outras divisões cerebrais. Começaremos a ver como fazer isso daqui a pouco, a partir do **Capítulo 9**, vendo nossos heróis aprendendo a identificar os atalhos mentais que usamos e a evitar que esses atalhos, ou heurísticas, se transformem em erros sistemáticos, os chamados vieses cognitivos.[31]

No funcionamento ideal do *cérebro financeiro*, a *razão* está no leme, delegando à *intuição* e às demais divisões cerebrais uma certa automação dos bons hábitos, liberando a *razão* para se dedicar a outros desafios. Mas existe muita dificuldade em dominar isso, basta olhar as estatísticas sobre saúde financeira das pessoas e famílias, mesmo em países ricos, conforme constatamos ao verificar os dados a seguir:[32]

---

[31] VIESES cognitivos: o que são, exemplos e como identificar. **UCS Digital**, 1 dez. 2022. Disponível em: https://ead.ucs.br/blog/vieses-cognitivos. Acesso em: 21 maio 2024.

[32] CELIK, N. WARREN, A. Rising Financial Vulnerability in America. **Financial Health Network**. 2023. Disponível em: https://finhealthnetwork.org/wp-content/uploads/2023/09/2023-Pulse-U.S.-Trends-Report-Final.pdf. Acesso em: 21 jun. 2024.

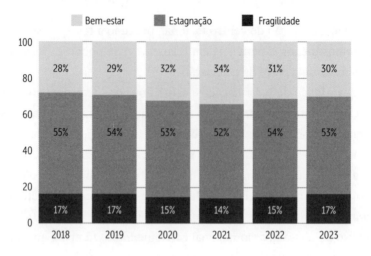

O gráfico é resultado de um grande estudo sobre saúde financeira nos Estados Unidos que usa uma classificação final muito parecida com a do IBEFi, que apresentamos no **Capítulo 1**. Ele mostra que a soma percentual de pessoas em *estagnação* e *fragilidade financeiras* gira em torno de 70%, conforme o gráfico.

Se isso acontece nos Estados Unidos, dono da maior economia e da moeda de referência, imagine a situação nos demais países, especialmente na América Latina, na África e demais economias em desenvolvimento?

Além disso, não se impressione com a quantidade de pessoas na faixa de *bem-estar financeiro*, que gira em torno de 30% nos EUA e em diversos países ricos. Mesmo esse grupo enfrenta dificuldades com finanças, como é o caso da nossa amiga Sofia. É claro que o fato de tanta gente viver entre a *fragilidade* e a *estagnação* financeiras não pode ser explicado apenas por essas dificuldades naturais evolutivas, mesmo que elas sejam agravadas pelo excesso de estímulos que roubam nossa atenção, criando vieses cognitivos. Como vimos, outros fatores alimentam a síndrome.

O MOTOR NÃO FUNCIONA SOZINHO

Recupere aquela imagem da **Introdução** e imagine que as *quatro bases* com as ações essenciais de *ganhar mais*, *gastar bem*, *poupar certo* e *investir melhor* sejam os pistões de um motor. Pistões que devem funcionar com uma força equivalente para nos mover em direção ao crescimento financeiro e à prosperidade. Se começasse a faltar, em algum grau, combustível, água, óleo ou ar, sua performance seria afetada, com certeza.

Da mesma forma, existem *bases sociais* que impulsionam essas *quatro bases* financeiras, favorecendo a prosperidade das pessoas, das famílias e, por consequência, de uma sociedade inteira. Para responder quais seriam essas bases, precisamos voltar aonde tudo começou. São quatro as *bases sociais* que foram unidas na Revolução Neolítica, ou Revolução Agrícola, como também é conhecida: a *liberdade*, a *propriedade*, a *família* e a (proteção da) *vida*, em um cenário em que cada uma teve uma importância tão grande quanto as demais.

A Revolução Neolítica foi um dos acontecimentos mais importantes da história econômica humana. Ao lado da Revolução Cognitiva (quando surgiu a linguagem), da Revolução do Conhecimento (com a invenção da imprensa) e, naturalmente, da Revolução Industrial, ela moldou a civilização como é hoje, sobretudo em seu aspecto econômico.

Com a agricultura, a humanidade deixou de ser apenas caçadora e coletora, em uma relação simples de extração de recursos do ambiente, para ser uma sociedade produtora, com a geração de excedentes através do cultivo planejado e sistemático de alimentos.

Revolução cognitiva
Linguagem
Cerca de 40.000 a.C.

Revolução neolítica
Agricultura
Cerca de 10.000 a.C.

Revolução do conhecimento
Livros
1.439 d.C.

Revolução industrial
Máquinas
Cerca de 1.800 d.C.

Na antiga sociedade caçadora e coletora, a humanidade desfrutava de relativa *liberdade*. Agrupamentos humanos se movimentavam por vastos territórios livremente em busca de lugares melhores para viver, onde os recursos naturais fossem mais abundantes e onde estivessem mais longe de inimigos. Com o tempo, seus integrantes passaram a empregar parte do tempo e esforço para criar ferramentas que melhorassem as atividades de caça e coleta. Desenvolver essas ferramentas foi a forma mais primitiva de poupar recursos para investi-los em atividades que permitissem aumento do bem-estar, favorecendo uma alimentação com mais proteína, por exemplo.

A *liberdade*, portanto, é uma *base social* que já existia e, sozinha, permitiu que a humanidade avançasse durante milhares de anos, até o surgimento da agricultura. Usufruindo dessa mobilidade com poucas restrições, os agrupamentos humanos nômades saíram da África para explorar e povoar todos os continentes, vivendo da caça e da coleta. Um estilo de vida muito difícil, é verdade, com crianças impedidas de nascer ou abandonadas para morrer junto com os integrantes doentes do grupo. Apesar disso, novos territórios podiam ser livremente desbravados quando animais e plantas se tornassem muito escassos em uma região.

Embora poderosa, a instituição da *liberdade*, sozinha, não podia nos levar muito mais longe. Na nossa comparação com o motor das *quatro bases*, é como se quiséssemos que ele funcionasse apenas com combustível, sem outros elementos indispensáveis, como a lubrificação ou o resfriamento. Então, na Revolução Neolítica, a humanidade inovou criando as *bases sociais* da *família* e da *propriedade*, que, por consequência, resultou em uma maior proteção da *vida*.

Com a ascensão da agricultura, a humanidade saiu de uma realidade de tribos nas quais as crianças eram responsabilidade de todos,[33] em que muitos filhos recebiam cuidados precários, para um quadro de famílias em que cada um se responsabilizava pelo sustento de si, dos próprios filhos e, no máximo, de parentes e agregados mais próximos.

Nesse cenário, as pessoas passaram a habitar casas e vilas separadas, onde os moradores podiam cuidar melhor da segurança, passando a ter isso

---

33 HOPPE, H. H. *op. cit.*

como uma de suas prioridades. Por fim, mas não menos importante, a Revolução Agrícola permitiu que homens e mulheres tivessem casa e uma fração de terra, onde criavam animais e cultivavam alimentos. Uma forma primitiva de *propriedade*, mas que foi o suficiente para nos alavancar.

Essa transformação foi lenta, levando muitas centenas de anos para se espalhar e para que fossem criadas inúmeras sociedades baseadas na agricultura. Isso não erradicou a violência, mas a hostilidade entre tribos, que eliminava quase metade da população[34] todos os anos em conflitos, deu lugar a uma maior cooperação por meio de trocas e da divisão de tarefas, preservando mais vidas. Vários estudos arqueológicos e antropológicos comprovam isso.[35, 36, 37, 38]

Então, foi nesse quadro que as *quatro bases* financeiras da ação humana – ganhar, gastar, poupar e investir –, ainda em sua versão mais primitiva, encontraram as *bases sociais* que favorecem a prosperidade geral até hoje: a **liberdade**, a **propriedade**, a **vida** e a **família**. Portanto, a prosperidade geral de uma sociedade específica é favorecida ou desfavorecida pelo balanço desses quatro elementos, representado pelos diferentes graus de sua presença ou ausência.

Nesse sentido, o enorme poder concentrado hoje nas mãos de Estados e governos modernos tem sido decisivo para influenciar esse balanço, para um lado ou para outro. As batalhas entre a pobreza e a riqueza das sociedades ocorrem no balanço dessas *bases sociais*. Para ver se no âmbito geral da sociedade elas nos aproximam da prosperidade ou da pobreza, basta fazer o teste: essa ideia nos dá mais garantia de liberdade? Liberdade de se

---

34 HOPPE, H. H. *op. cit.*

35 PINKER, S. et al. **The Better Angels of Our Nature:** Why Violence Has Declined. New York: Penguin Books, 2011.

36 BOWLES, S.; CHOI, J. Coevolution of Farming and Private Property During the Early Holocene. **Proceedings of the National Academy of Sciences**, v. 109, n. 29, p. 11755-11760, 2012.

37 FRY, D. P. **War, Peace, and Human Nature:** The Convergence of Evolutionary and Cultural Views. New York: Oxford University Press, 2013.

38 ROWTHORN, R.; SEABRIGHT, P. Property Rights, Warfare and the Neolithic Transition. **Nature**, v. 531, n. 7592, p. 82-85, 2016.

expressar, produzir, trocar, empreender, trabalhar, em suma, de escolher o próprio destino e buscar a felicidade, respeitando a liberdade dos outros? Se sim, ponto para a prosperidade. Em caso negativo, ponto para a pobreza. E assim funciona com todas as demais *bases sociais*. Os países mais prósperos do mundo – em que pessoas e famílias são, na média, mais prósperas – não por coincidência são aqueles que ostentam os maiores índices de liberdade econômica ou de liberdade para fazer negócios, por exemplo, e nas demais bases sociais também.

Quanto mais os botões dessas bases impulsionadoras são movidos para cima (vide imagem a seguir), maiores são as chances de termos uma sociedade próspera, com pessoas mais longe da pobreza e mais próximas do bem-estar financeiro.

Você terá uma lista dos trinta países que se destacam nessas bases sociais no **Capítulo 7**.

Em outras palavras, quanto mais os botões são movidos para cima, melhores as condições para cada membro dessa sociedade colocar em prática o seu *plano essencial* de *ganhar mais, gastar bem, poupar certo* e *investir melhor*.

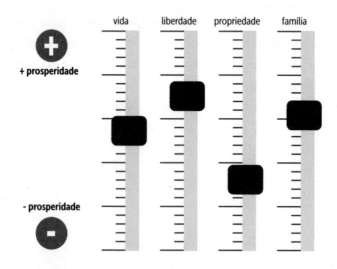

Como na figura, determinada sociedade pode ter *bases sociais impulsionadoras* como liberdade, vida e família, em uma situação próxima da média, ou até um pouco acima dela. Contudo, circunstâncias como altos impostos

– uma maneira de retirar propriedade significativa de pessoas e famílias – moverão esse botão para baixo e influenciarão de modo negativo a busca pelo bem-estar financeiro naquele lugar.

A Revolução Industrial, ocorrida em um contexto de Estado relativamente limitado, muito menor que nos tempos atuais, foi o grande impulso para a prosperidade nos países que hoje são desenvolvidos. Nos primeiros cem anos após o seu início, em cerca de 1800, o mundo vivenciou uma expansão sem precedentes do bem-estar material, período que ficou conhecido como a "Era do Grande Enriquecimento".[39]

Nessa época, a indústria chegou e enriqueceu justamente aqueles países onde os botões das *bases sociais* da liberdade, propriedade, família e vida estiveram mais próximos do seu máximo, na parte superior da figura anterior. Com o fim das guerras napoleônicas, em 1815, as mortes violentas massivas diminuíram. A liberdade econômica encontrava poucas barreiras, permitindo o florescimento do empreendedorismo e do comércio.

Os impostos eram baixos e a moeda era lastreada em ouro, com pouco espaço para emissões inflacionárias. Além disso, a organização familiar se fortaleceu, influenciada por um ambiente favorável proporcionado pela religião e pela paz. Os Estados Unidos constituem o grande caso de sucesso desse período de prosperidade, sem paralelo na história econômica.

Mesmo o traumático episódio da Guerra de Secessão, entre 1861 e 1865, favoreceu o enriquecimento de longo prazo do país por ter precipitado o fim da escravidão, que fez aumentar a produtividade da economia, entre inúmeros outros benefícios. Com isso, logo no início do século XX, os EUA ultrapassariam a Inglaterra como maior economia mundial.

No entanto, a grande riqueza gerada após a Revolução Industrial fez surgir um forte movimento estatista, que se espalhou pelo mundo, incluindo casos extremos como a Revolução Russa e o Terceiro Reich alemão.

Nos EUA, esse movimento estatista foi responsável pela criação do Federal Reserve (FED, o banco central americano), em 1913, e pelo imposto

---

[39] MCCLOSKEY, D. O Grande Enriquecimento. **Mackenzie**, 20 ago. 2020. Disponível em: https://www.mackenzie.br/noticias/artigo/n/a/i/o-grande-enriquecimento. Acesso em: 22 maio 2024.

de renda federal, em 1916. Com o FED, a moeda se tornou um instrumento para extrair riqueza da sociedade por meio da inflação e para "estimular" o crescimento econômico, manipulando os juros, o que acabou por gerar crises sistêmicas como as de 1929 e 2008. Sob a tutela do FED, o dólar já perdeu cerca de 96% do seu valor. Hoje, a dívida pública americana cresce um trilhão de dólares a cada cem dias.

Receita fiscal, de 1868 a 2008
Impostos (incluindo contribuições sociais) como parte da renda nacional

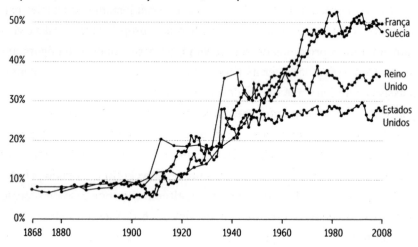

Simultaneamente, com uma fatia crescente da riqueza sendo drenada para os cofres públicos, a multiplicação das forças militares, em número de soldados e sofisticação de armas, foi uma questão de tempo. Essa concentração de riqueza nos Estados pavimentou o caminho para as duas guerras mais letais da história. Por sua vez, essas guerras apresentaram novas justificativas para que os Estados se tornassem ainda maiores.

Nas décadas mais recentes, os casos de países pobres que enriquecem ocorrem de maneira mais pontual naquelas nações que conseguem melhorar, em alguma medida, suas *bases sociais impulsionadoras*. A influência positiva delas é visível, fazendo países pobres enriquecerem relativamente rápido. Casos de destaque, ainda que em graus variados, foram Coreia do Sul, Chile, Nova Zelândia, Cingapura, Estônia e Austrália.

Por outro lado, com o avanço do estatismo, e o consequente enfraquecimento das *bases sociais*, é nítido que até sociedades ricas passam a crescer e a prosperar muito menos do que poderiam, prejudicando as novas gerações. Dentro dessas *bases sociais*, podemos relacionar alguns fatores que as movem para baixo e travam a prosperidade. Os países mais pobres e desiguais praticamente gabaritam essa lista:

- *Vida*: insegurança em relação à própria integridade física, que decorre de altos índices de homicídios e outros atentados contra a existência humana que permanecem impunes, tornando os crimes uma atividade de baixo risco.
- *Liberdade*: baixa liberdade econômica ou de expressão, que desfavorece o empreendedorismo e as trocas livres, bem como a livre circulação de novas ideias.
- *Propriedade*: altos impostos, que extraem grande parte da renda das pessoas, famílias e empresas, além da inflação, que destrói o poder de compra, e da insegurança jurídica para manter o patrimônio conquistado de modo ético.
- *Família*: incentivos econômicos, jurídicos ou culturais para que as pessoas evitem a constituição de famílias ou que desfaçam as famílias já existentes.

Hoje, cada uma dessas base sociais tem índices que são produzidos por diferentes organizações e mostram claramente uma relação: quanto mais forte é um país na média dessas bases, maior é probabilidade de que seja uma sociedade composta por uma maioria de pessoas prósperas, tal como será mostrado no *Índice de Prosperidade Global* que veremos adiante e que foi elaborado por este autor. Tal índice é uma composição dos seguintes *rankings*:

1. *Vida*:
   - **Índice de Progresso Social do *Social Progress Imperative* (componente de Segurança Pessoal)**: avalia o nível de segurança pessoal dos cidadãos, incluindo crimes violentos, homicídios e percepção de segurança.

- **Índice Global da Paz do *Instituto para Economia e Paz***: mede o grau de paz em um país, considerando fatores como conflitos internos e externos, militarização e segurança social.
- **Expectativa de vida ao nascer, segundo o Banco Mundial**: um indicador simples, mas poderoso, da saúde e do bem-estar geral de uma população.

2. *Liberdade*:
- **Índice de Liberdade Econômica da *Heritage Foundation***: avalia a liberdade econômica geral, incluindo liberdade comercial, dentre outras modalidades.
- **Índice de Democracia publicado pela *Economist Intelligence Unit* da revista *The Economist***: é um índice que examina o estado da democracia em 167 países.

3. Propriedade:
- **Índice Internacional de Direitos de Propriedade da *Property Rights Alliance***: mede o grau de proteção dos direitos de propriedade em diferentes países.
- **Componente de Direitos de Propriedade do Índice de Liberdade Econômica da *Heritage Foundation***: analisa a proteção dos direitos de propriedade dentro do contexto da liberdade econômica.

4. Família:
- **Índice de Coesão Familiar Global do Instituto de Estudos Avançados da Família (IFAS)**: avalia a força e a estabilidade das famílias, considerando fatores como taxas de divórcio, relações entre pais e filhos e apoio social.
- **Dados sobre estruturas familiares e bem-estar infantil da Organização para a Cooperação e Desenvolvimento Econômico (OCDE)**: fornece informações sobre diferentes tipos de famílias e analisa o bem-estar das crianças em relação a indicadores como pobreza infantil e acesso à educação.

- **Taxa de natalidade, segundo o Banco Mundial**: pode indicar a saúde social e a confiança no futuro de um país, além de fornecer informações sobre as escolhas familiares.

AS IDEIAS ANTIPROSPERIDADE

Se não fosse o poder das ideias que circulam na sociedade e influenciam as pessoas, os botões das *bases sociais* não seriam movidos para baixo com tanta força. Em geral, mesmo que não seja de propósito, essas ideias são multiplicadas por uma significativa parcela das pessoas que fazem parte dos sistemas de ensino, da cultura popular, de certos grupos formadores de opinião ou até por pessoas presentes em nossos círculos de amigos e familiares.

Ainda que repletas de boas intenções, ao contrário de nos ajudar, elas acabam por sabotar nosso crescimento financeiro como sociedade, o que limita nosso crescimento individual, e vice-versa. Essas ideias, que chamamos de "antiprosperidade", desencadeiam crenças distorcidas e até traumas sobre o dinheiro, que levamos para toda a vida. Em sociedades democráticas, as ideias antiprosperidade ecoam entre as pessoas e dão suporte para o sistema político consolidar essas ideias em leis, intervenções e regulações de todos os tipos. Já em países onde a democracia é fraca ou inexistente, a presença de tais ideias serve para dar respaldo ao funcionamento do regime.

De maneira simplificada, podemos dizer que o mundo se divide entre "prosperistas" e "dirigistas". Os primeiros acham que o máximo possível de prosperidade geral é uma coisa boa, têm confiança no protagonismo voluntário dos seres humanos enquanto agentes econômicos e, por isso, podem ser chamados também de "voluntaristas". São agentes antagonistas da *síndrome do plano* e, portanto, aliados do nosso cérebro financeiro. Já os segundos são aqueles que acham que essa prosperidade geral deve ser controlada por uma força centralizadora, como o Estado. Podem também ser chamados de "intervencionistas" ou, da forma mais comum como nos referimos aqui, "estatistas", que são agentes promotores da *síndrome do plano*.

Esses dois grupos tendem a ter posicionamentos bem diferentes. Aqueles que querem combater a *síndrome* valorizarão as *bases financeiras* e *sociais* como algo inerente à natureza humana e benéfico para o crescimento do nosso bem-estar. Esse grupo reconhece que a prosperidade verdadeira e sustentável acontece de maneira irregular porque as pessoas são diferentes. Por outro lado, o grupo de estatistas, por valorizar mais o controle do que a prosperidade em si, buscará contestar e "mudar" a natureza humana, defendendo que o protagonismo seja de um organismo centralizador como o Estado. Eles dirão que a prosperidade, por ocorrer de modo irregular, é injusta para a sociedade e que, portanto, precisamos corrigir esses resultados por meio da força do Estado.

Também dizem que o crescimento da riqueza material que mostramos é ruim porque passou a existir gente demais no mundo a partir do século XIX (basta ver as ideias de Malthus e seus discípulos, que continuam atuantes até hoje). Logo, a prosperidade precisa ser controlada. Segundo eles, é uma necessidade urgente frear o crescimento populacional e o consumo para não prejudicar a natureza, até em itens indispensáveis para a vida, como comida e energia. Mesmo que isso prejudique primeiro, e com mais força, aqueles que ainda são pobres.

Por conta dessas supostas injustiças e efeitos negativos, a maior parte dos propagadores das ideias antiprosperidade defende a centralização do poder. Eles querem tirar das pessoas e famílias a tarefa de planejar o futuro para entregar isso às estruturas burocráticas dentro do Estado, que desconhecem, por definição, os desejos e necessidades reais de tantas pessoas. Ao se guiarem por essas ideias intervencionistas e dirigistas, elas acreditam que um ente como o Estado deve controlar o máximo possível da economia e da vida financeira dos indivíduos.

Para eles, mais importante do que a prosperidade das pessoas e das famílias é criar mecanismos para impor essa inalcançável igualdade de resultados, mesmo que isso signifique uma sociedade mais pobre como um todo. Em uma realidade de pessoas com comportamentos, habilidades, desejos, sonhos e níveis de ambição tão diferentes, a igualdade de resultados financeiros é uma impossibilidade lógica.

Por isso, podemos concluir que essas ideias, de maneira geral, são apenas justificativas para tornar o Estado ainda maior do que já é, com efeitos destrutivos em nossas finanças. Tais ideias atacam frontalmente as *bases sociais* impulsionadoras da prosperidade que vimos no tópico anterior. No quesito propriedade, por exemplo, defendem retirar renda das pessoas via impostos cada vez maiores para financiar a ampliação do peso e da influência do governo na sociedade.

Defendem também o aumento artificial da quantidade de dinheiro na economia, via inflação, para financiar mais gastos públicos, diminuindo o valor da moeda, além da leniência em relação aos crimes contra o patrimônio, relativizando o direito de propriedade. Já no elemento família, buscam desvalorizar os arranjos familiares, porque a família seria uma fonte de opressão que limitaria a realização individual. Na verdade, é o contrário.

Além do seu papel histórico, existem diversas evidências da relação positiva entre a presença de família e prosperidade individual e dos países.[40] O suporte da família, por si só, não garante, mas aumenta muito as chances de serem criados filhos que conquistam bons níveis de crescimento e bem-estar financeiro na vida adulta.[41] Pessoas sem suporte familiar tendem a ser mais dependentes do Estado, algo essencial na estratégia dos *estatistas*, grandes auxiliares da *síndrome do plano*.

Quando o assunto é liberdade, querem uma regulação cada vez maior dos mercados, reduzindo o espaço da livre iniciativa e do empreendedorismo. Com base no mito de que as pessoas não sabem escolher por si, defendem sistemas como a previdência social, cronicamente caros e deficitários, com promessas de que o bem-estar futuro será garantido pelo Estado. Com o tempo, muitas pessoas e famílias, de fato, atrofiam a sua capacidade de planejar. Por que planejar se o Estado já está planejando por todos, inclusive tirando de nós justamente os recursos financeiros que usaríamos para isso?

---

40 CHILDREN First: Why Family Structure and Stability Matter for Children. **Institute for Family Studies**. Disponível em: https://ifstudies.org/blog/children-first-why-family-structure-and-stability-matter-for-children. Acesso em: 3 jul. 2024.

41 FLÈCHE, S.; LEKFUANGFU, W. N.; CLARK, A. E. The Long-lasting Effects of Family and Childhood on Adult Wellbeing: Evidence from British Cohort Data. **Journal of Economic Behavior & Organization**, v. 181, p. 290–311, 2021. Disponível em: https://www.sciencedirect.com/science/article/abs/pii/S016726811830266X. Acesso em: 22 maio 2024.

Por fim, no quesito vida, não priorizam a garantia desse direito fundamental das pessoas, que deveria ser a função essencial de qualquer Estado. Insegurança e altas taxas de crimes travam a prosperidade geral, pois ninguém consegue produzir ou empreender com medo de morrer ou de perder suas coisas na próxima esquina.

O Estado moderno nasceu sob a justificativa de proteger a segurança dos cidadãos das ameaças internas e externas, mas a verdade é que sua ambição de controlar e influenciar cresceu tanto que esse propósito original se perdeu em muitos lugares.

Ao contrário de restrições desse tipo, é a prosperidade por meio do avanço tecnológico que salva a natureza, permitindo produzir mais comida em áreas cada vez menores ou criando aparelhos como os smartphones, que substituíram vários objetos antigos que consumiam muito mais recursos naturais em sua fabricação.

E não satisfeitos em atacar as *bases sociais* impulsionadoras da prosperidade, essas ideias ainda demonizam as bases financeiras pessoais do *ganhar mais, gastar bem, poupar certo* e *investir melhor*. Afinal, segundo essa mentalidade, buscar aumentar a renda, ser inteligente nos gastos, fazer reservas e investir para o futuro seria sinônimo de ganância, de homens e mulheres que exploram os outros ou que só pensam em dinheiro.

Ideias antiprosperidade exploram sentimentos humanos negativos como a inveja e o ressentimento, estimulando o discurso de ricos contra pobres, exploradores contra explorados. Uma visão maniqueísta que fragmenta a sociedade em grupos antagônicos quando, na verdade, a prosperidade de uns tem um grande potencial de beneficiar a todos, pelo menos em sociedades livres. Mesmo sem saber, aqueles que ajudam a propagar essas ideias são agentes da *síndrome do plano*. Note como sua ação produz péssimos resultados nas *quatro bases*:

- *Ganhar mais*: com impostos cada vez mais altos sobre a renda, a diferença entre o que é gasto pela empresa para pagar um contracheque e o que chega, de fato, ao bolso do empregado é cada vez maior. Na sequência, os altos impostos sobre o consumo encarecem os produtos e serviços, diminuindo ainda mais a renda disponível. A tributação elevada sobre investimentos, e todo o restante da tributação que vem se aproximando de metade da renda nacional até em países pobres,[42] reduz o crescimento econômico e a oferta de novas oportunidades profissionais com maiores salários e rendimentos.

- *Gastar bem*: protecionismo com restrições às importações e as exportações, junto com a elevada carga tributária já mencionada, encarecem os produtos, reduzindo o espaço para a poupança. Os déficits e a emissão de dinheiro, corroendo o valor da moeda ao longo do tempo, completam o serviço.
- *Poupar certo*: enquanto esses altos impostos reduzem as possibilidades de separar os recursos adequados para planejar objetivos futuros, os surtos de aumento generalizado nos preços e as fracas perspectivas de crescimento tornam esses planos mais caros e arriscados. Além disso, conforme já comentamos, as promessas dos sistemas obrigatórios de previdência e seguridade desestimulam ou inviabilizam os planos pessoais de mais longo prazo.
- *Investir melhor*: uma economia que cresce sistematicamente aquém de seu potencial oferece menos oportunidades de bons investimentos. A bolsa de valores se torna relativamente pequena, com papéis concentrados em poucas companhias. Como o Estado se endivida cada vez mais, pois nem os altos impostos já dão conta dos seus gastos, há um viés de concentração de investimentos na renda fixa, cujos recursos são todos drenados por investimentos em títulos públicos, emitidos por um Estado cada vez mais endividado.

Mas por que essas pessoas propagam essas ideias que prejudicam a prosperidade geral, evitando o crescimento do bem-estar de todos? Onde fica a natureza humana, que sempre faz as pessoas agirem buscando melhorar? Ocorre que um Estado grande é o maior sistema de concentração de poder e recursos financeiros já inventado. Em qualquer sociedade, um grupo de pessoas ganha muito poder e dinheiro com um Estado grande.

---

42 REVENUE Statistics 2023: Tax Revenue Buoyancy in OECD Countries. **OECD**. Paris: OECD Publishing, 2023. Disponível em: https://doi.org/10.1787/9d0453d5-en. Acesso em: 7 maio 2024.

Até as guerras e os conflitos mais letais da história, que deram ainda mais força ao estatismo, não poderiam ser perpetrados sem um Estado grande com muito poder e dinheiro. E todo esse dinheiro é retirado da sociedade, seja com base em promessas de supostos benefícios, seja pelo simples uso da força.

Empreendedores atingem o sucesso quando criam soluções que resolvem problemas reais para dezenas, centenas, milhares, milhões ou até bilhões de pessoas. Sem dúvidas ocorrem muitos erros de gestão também em negócios privados, pois somos todos humanos. Mas a liberdade de competição, quando existe de fato, faz com que o custo dessa ineficiência tenha um impacto bem menor na sociedade. O negócio mal gerido deixa o mercado e outros competidores mais competentes assumirem o seu lugar. Além disso, o direito de propriedade faz com que os donos busquem corrigir essas falhas o mais rápido possível, justamente para evitar que seus negócios sejam expulsos do mercado.

O Estado grande não segue essa lógica, porque abusa do monopólio da força e da tributação. Note a comparação: em sua casa, é preciso ter um balanço positivo entre receitas e despesas para ter uma vida financeira minimamente saudável. Há um limite estreito para *déficits* no seu orçamento, pois a capacidade familiar de se endividar acaba rápido.

O Estado grande, por outro lado, com o poder de tributar, de criar dívidas ou até gerar dinheiro do nada, não tem a mesma restrição. Talvez seja por isso que os *"estatistas"*, que na terminologia deste livro significa os defensores de um Estado grande, enxerguem o Estado com um certo fascínio, como uma espécie de ente protetor, seja para o bem de todas as causas sociais possíveis, que só aumentam com o tempo, ou para o bem de seus interesses pessoais também.

Nesse sentido, os *estatistas* que, por alguma das razões já citadas, defendem as ideias antiprosperidade normalmente se dividem em três grupos principais:

- Pessoas que desconhecem, ignoram ou negam a dinâmica da história econômica e sua lógica baseada na ação humana apresentada até aqui. Elas acreditam que só o Estado grande será capaz de corrigir as injustiças, desigualdades e demais problemas sociais. Isso vale para causas importantes e tão diferentes como distribuição de renda, igualdade de gênero ou preservação do meio ambiente. Na verdade, as relações de causa e efeito aqui estão invertidas, porque o Estado grande é parte do problema e não da solução, como vimos.

- Pessoas que, mesmo não sendo ainda beneficiárias relevantes do Estado grande, defendem essas ideias na esperança de que o Estado cresça ainda mais, para que as inclua com benefícios maiores em algum momento do futuro.
- Pessoas que já se beneficiam da estrutura e da ação de um Estado grande, até mesmo dentro de certas empresas privadas, se tornando conveniente para elas defenderem essas ideias antiprosperidade.

Delimitar um tamanho ideal de Estado que favoreça o crescimento e a prosperidade das pessoas e famílias não é objeto deste livro. Mas tenha em mente que um Estado grande como o defendido pelos *estatistas* é caro, intervencionista e, quase sempre, muito deficitário. Seja qual for o grupo estatista predominante, o resultado prático é o mesmo: o conjunto de ideias antiprosperidade se torna um dos alimentos preferidos da *síndrome do plano*.

O CURIOSO CASO DA EDUCAÇÃO FINANCEIRA

Na Prússia do século XIX, sob o comando de Otto von Bismarck, ganhou força a ideia da educação formal obrigatória, com um currículo definido centralmente pelo Estado. O objetivo era claro: moldar cidadãos obedientes e eficientes, que servissem bem aos interesses do governo.

Desde então, foi aumentando a crença de que a educação formal compulsória seria o grande remédio para todos os problemas da sociedade. A educação é importante, mas é preciso entender seus limites.

Veja o paradoxo que há, por exemplo, nas portas de hospitais ou de escolas para profissionais de saúde, com rodas de médicos e enfermeiros fumando juntos, em aparente paz e harmonia. Todo o conhecimento deles sobre os malefícios do cigarro não foi suficiente para evitar o vício. O mesmo acontece com a expectativa exagerada colocada pela sociedade na educação para resolver outros problemas sociais, desde a má alimentação até a falta de educação no trânsito. Educar é fundamental, mas não tem efeitos mágicos.

A educação financeira é condição necessária, mas não suficiente para nos livrar da *síndrome do plano* que nos impede de *ganhar mais, gastar bem, poupar certo* e *investir melhor* com a mesma energia em cada base. Afinal, quem nunca conheceu aquela pessoa que fez cursos, leu livros e assistiu vídeos sobre finanças, mas continua com problemas financeiros?

Por isso, precisamos ter múltiplas fontes de educação financeira durante toda a vida, não apenas na escola, principalmente nos países em desenvolvimento, como Brasil e Índia (vide gráfico a seguir).

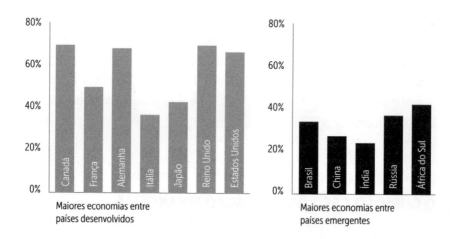

No ambiente escolar, é possível que o uso de elementos de finanças pessoais para tornar a matemática, a leitura e a escrita mais próximas da realidade dos alunos já fosse mais do que suficiente. De qualquer forma, não basta acumular conhecimento financeiro se não o colocar em prática com um método alinhado com o funcionamento do cérebro.

Além de defender um método no plano pessoal e familiar, a educação financeira deve ter a missão de combater as ideias antiprosperidade examinadas neste capítulo. Ocorre que boa parte dos programas ao redor do mundo ainda negligencia isso.

Parte deles reconhece e concorda que as ideias antiprosperidade têm um efeito negativo muito importante sobre as finanças pessoais, mas alegam que isso é um dado da realidade e que não se pode fazer nada a respeito. É cada um por si, segundo sua visão. Já outros programas de educação financeira, de maneira paradoxal, se alinham na defesa de uma ou mais ideias antiprosperidade.

Nas próximas páginas, vamos começar a encontrar formas de escapar dessas armadilhas. E vamos dar adeus também aos métodos de finanças que não abordam as *quatro bases* com o mesmo esforço positivo em cada uma, tal como aqueles que focam quase que exclusivamente os investimentos.

ALICE QUER AJUDAR A ENFRENTAR A SÍNDROME

Uma escola em que Camila trabalhava tinha um serviço de apoio psicológico para seus empregados de muita qualidade. Experiente, a psicóloga recomendou que Camila buscasse um profissional de finanças. "Lara" foi a profissional escolhida por Camila. Em dado momento, Lara pediu à Camila que levasse o marido e a filha Alice para o atendimento.

Camila, a princípio, resistiu. Lara argumentou a favor, falando dos resultados positivos de uma abordagem familiar dos problemas. E que, mesmo assim, haveria espaço para a individualidade de cada um. Então, Camila finalmente aceitou colocar toda a família na frente da câmera.

Lara já tinha sido minha aluna na formação geral por meio da empresa para a qual trabalhava, na condição de planejadora associada. Depois voltou para cursos específicos sobre internacionalização das finanças pessoais.

Foi quando conheci o caso de Camila. Meses antes, na formação geral, falei dos conceitos bem comprovados do *cérebro financeiro* e da *síndrome do plano*. Mas resolvi fazer uma alegoria sobre os auxiliares de cada um. No time do Cérebro, havia uma equipe de auxiliares com forças e fraquezas, enquanto a Síndrome contava com um grupo de vilões aparentemente muito poderosos. Aproveitando a presença de Alice, Lara se dirigiu a ela e usou essa alegoria, que deixou a menina encantada. Do alto de seus 12 anos, ela resolveu que ajudaria a mãe a derrotar a síndrome para que "papai e mamãe não brigassem mais por causa de dinheiro".

Coincidência ou não, as palavras da filha marcaram o ponto de virada para Camila e sua família. Então, vamos conferir como foi a transformação financeira dela, do Daniel e da Sofia com a ajuda do *método*.

Através da experiência deles, veremos como podemos eliminar a *síndrome do plano*, elaborando e executando um *plano financeiro personalizado* que nos permita:

a) Contornar as dificuldades naturais evolutivas que tiram a razão de suas funções dentro do *cérebro financeiro*;
b) Reverter eventuais fraquezas nas *bases sociais* relacionadas ao lugar em que vivemos;
c) Ajudar a combater as ideias antiprosperidade e nos blindar de sua influência negativa;
d) Buscar educação financeira sempre.

E, após cumprirmos os oito passos do método, estaremos habilitados a ter controle, crescimento e bem-estar financeiros para sempre.

06.
O MÉTODO DAS 4 BASES®

Chegou o momento de apresentar e fundamentar o *método* para que possamos iniciar o primeiro passo do nosso desafio, no próximo capítulo. Anteriormente, no início do **Capítulo 1**, perguntamos sobre como poderíamos ter certeza da usabilidade do *método* e da sua alegada validade universal e atemporal. Assumimos ali o compromisso de que explicaríamos isso nesta etapa, descrevendo o "método por trás do **Método das 4 Bases®**". Precisamos sair deste capítulo convictos de que ele é capaz de conter as técnicas para resolver os problemas financeiros apresentados até o momento.

Para isso, vamos começar revendo o conceito de axioma. Quem frequentou as aulas básicas de geometria na escola talvez se lembre deles e de toda a sua enorme utilidade para o conhecimento humano, a começar pela conhecida geometria euclidiana. Euclides de Alexandria não foi o primeiro a usar axiomas no pensamento humano. Contudo, por meio de sua monumental obra *Elementos*,[43] ele desempenhou um papel muito importante na sua sistematização e no **método lógico** (ou dedutivo) que usamos hoje na ciência, inclusive na economia e na praxeologia. Nele partimos de grandes verdades estabelecidas, os axiomas, para chegar a conclusões específicas. Exemplo: "Todos os humanos são mortais. Sócrates é humano. Logo, Sócrates é mortal".

No método lógico, só temos que tomar cuidado com os chamados "sofismas", em que se usa um argumento ou raciocínio que aparenta ser lógico e válido, mas na verdade contém falácias ou premissas enganosas, com a intenção de manipular ou confundir. Os sofismas são frequentemente utilizados para persuadir ou convencer, mesmo que o raciocínio seja fundamentalmente falho, tal como em generalizações apressadas e maliciosas como: "Você diz que gatos são bons *pets* porque são independentes, mas aquele gato da sua amiga arranhou todos os móveis dela e ele é independente! Como pode chamar isso de bom?".

Contudo, Euclides foi o oposto de um sofista; era uma espécie de Satoshi Nakamoto[44] da Antiguidade. Tal como ocorre com o criador da rede bitcoin, não existe consenso sobre a verdadeira identidade de Euclides. Tampouco se seria uma só pessoa ou um grupo de filósofos que achou mais conveniente manter o anonimato. Seguindo os passos da lógica de Aristóteles, que vivera apenas algumas décadas antes, Euclides pegou o conhecimento fragmentado da geometria da época, um amontoado de regras práticas e intuições misturadas com "achismos", e fez o equivalente a transformar um punhado de tijolos em um sensacional edifício.

Usando o **método lógico**, vamos entender neste capítulo como a praxeologia explica boa parte do que sustenta *a teoria das quatro bases*. Com o axioma da ação humana, que postula que *os humanos agem de maneira intencional*, veremos como as *quatro bases* fundamentam, por sua vez, esse *plano essencial* de crescimento financeiro que nos trouxe até aqui. Sem seguir esse plano essencial e natural, não teríamos reunido as condições de capital humano para viver a "tempestade perfeita" da Revolução Industrial, com a aceleração sem precedentes do bem-estar material provocada por ela. Por consequência, não estaríamos hoje lidando com nossas finanças pessoais dessa forma, digamos, tão rica e sofisticada.

A seguir, além das *quatro bases* financeiras que compõem a parte central do *método*, precisamos ter uma visão mais completa e abrangente através do que chamamos aqui de *edifício da prosperidade*: um quadro geral daquilo que afeta a nossa vida financeira. O triunfo do nosso *cérebro financeiro* e a consequente construção de uma relação bem-sucedida com o dinheiro também se beneficiam desses fatores mais gerais, os quais vêm da sociedade em que estamos inseridos, conforme vimos no capítulo anterior. Além deles, temos também fatores individuais, vindos de nossa

---

44 NAKAMOTO, S. **Bitcoin: A Peer-to-Peer Electronic Cash System**. 2008. Disponível em: https://bitcoin.org/bitcoin.pdf. Acesso em: 6 de junho de 2024.

conduta pessoal para além das finanças, que conheceremos daqui a pouco. Todos residem nesse edifício.

Por fim, também neste capítulo, examinaremos a capacidade do **Método das 4 Bases®** quando se trata de neutralizar a *síndrome do plano*. A investigação sobre essa capacidade de isolar as distrações e adiar as gratificações conectará todos os pontos anteriores que precisamos para ir adiante, mostrando:

a) a solidez das *quatro bases* derivadas logicamente de axiomas autoevidentes;

b) a sua comprovação por meio da história econômica global, culminando com a aceleração exponencial da Revolução Industrial;

c) os casos e estatísticas de clientes que temos mostrado aqui;

d) as *bases sociais* e *individuais* que precisamos considerar ou mobilizar para nos auxiliarem, construindo nosso *edifício da prosperidade*.

AXIOMAS PARA AS FINANÇAS PESSOAIS

Um axioma é uma proposição considerada autoevidente e aceita como verdadeira sem a necessidade de qualquer demonstração. Axiomas servem como fundamento para deduzir outras verdades usando a lógica, sem que seja preciso fazer qualquer experimento para validá-las. Veja um famoso axioma de Euclides: "Dois pontos determinam uma reta". Se você tem dois pontos distintos, apenas uma linha reta pode ser traçada passando por ambos.

Axiomas são os alicerces do **método lógico**, que é o que usamos para validar as *quatro bases*. O método lógico se baseia no raciocínio dedutivo, partindo de premissas e axiomas para chegar a conclusões lógicas. Não precisamos fazer experimentos, obter depoimentos de ninguém ou apresentar estatísticas para saber que as conclusões são verdadeiras. Seguindo no exemplo da reta, posso fixar dois pontos na África ou na Ásia, neste ano ou daqui a um século. Nada no contexto mudará o fato de que por dois pontos passará apenas uma reta.

Nas ciências naturais, por outro lado, isso muda. Uma verdade hoje pode ser derrubada amanhã. Determinadas verdades científicas valem para o nível do mar, mas podem não valer para outras altitudes. Essa é a essência do chamado **método experimental** (ou indutivo) nas ciências. O método experimental parte de observações específicas para formar generalizações ou teorias.

Esse método envolve a formulação de hipóteses, a realização de experimentos controlados e a análise dos resultados obtidos. Ele é aplicado na física, na química, na biologia e outras ciências naturais.

Suas conclusões são probabilísticas e sujeitas a revisão a partir de novas evidências. O diamante, por exemplo, até 1986 era considerado o material mais duro existente, mas então pesquisadores da General Eletric desenvolveram o nitreto cúbico de boro (cBN), que se mostrou ainda mais duro que o diamante nos experimentos, considerando certas aplicações. Pesquisas recentes, por sua vez, já cogitam outros materiais. Essa é a regra das ciências naturais com o seu método experimental.

Assim, o método experimental não é adequado para entender ações humanas, suas leis e consequências interdependentes e complexas, tal como a praxeologia e as nossas finanças pessoais. Entretanto, não podemos dispensá-lo para tópicos específicos: no caso do **Método das 4 Bases®**, pelo menos parte das ciências comportamentais precisa da formulação de hipóteses e da realização de experimentos, parecidos com os realizados pelo professor Mischel em Stanford. Embora baseadas na natureza humana, as divisões *instintivas*, *motivacionais* e *comportamentais* do *cérebro financeiro* demandam experimentos para ter ainda mais solidez teórica e prática.

Mas a parte fundamental das *quatro bases* pode ser totalmente validada com o **método lógico**, que é baseado desde o começo em axiomas, em conhecimentos autoevidentes, nos quais as verdades são estabelecidas independentemente de testes empíricos. Como vimos, no método lógico, a validade das proposições é geral e atemporal. Com o uso da lógica, podemos derivar outras verdades com a mesma validade, desde que sejam usados sequências e princípios de raciocínio logicamente consistentes, robustos e verdadeiros.

Portanto, sempre é bom reforçar: em ciências humanas como a praxeologia, a economia e as finanças pessoais, devemos partir sempre de axiomas autoevidentes sobre a ação humana. Assim, usando o método lógico, derivamos leis universais e imutáveis, independentemente de comprovações empíricas. Essa abordagem, usada pela praxeologia e, por consequência, pelo **Método das 4 Bases®**, reconhece, até com certa humildade, a dificuldade e a imprecisão de experimentos controlados quando se trata da ação de seres humanos.

Ao priorizar a lógica, o *método* oferece um sistema sólido para compreendermos os princípios fundamentais da economia e das finanças pessoais sem precisarmos recorrer a testes de laboratório. Dessa forma, a fundamentação do **Método das 4 Bases®** repousa sobre princípios robustos e autoevidentes que formam a espinha dorsal da economia e das finanças pessoais, alinhadas com a praxeologia.

O axioma fundamental da ação humana é que *os seres humanos agem propositalmente para alcançar objetivos de mais conforto ou bem-estar*, conforme já vimos anteriormente. Esta proposição simples, mas poderosa, serve como ponto de partida para as provas de que precisamos.

Essa premissa implica que as ações humanas são orientadas para a realização de fins específicos com um sentido claro de propósito e intencionalidade, mesmo que possamos vir a falhar no decorrer das ações.

A lógica da praxeologia sustenta que a ação proposital dos seres humanos visa aumentar o seu bem-estar, e isso é irrefutável, pois a própria tentativa de negá-la já constitui uma ação para ganhar a discussão e aumentar o próprio "bem-estar", do ponto de vista intelectual. Portanto, é impossível negá-la sem cair em contradição.

Ao partir desses axiomas, podemos derivar as *quatro bases* do método para alcançar o crescimento e bem-estar financeiros usando a lógica formal. Então vejamos a derivação de cada uma das *quatro bases* a partir desse axioma:

1. **Ganhar mais**

    a) Partindo do axioma de que os indivíduos agem para melhorar sua condição, a busca por aumentar a renda é uma ação lógica para sustentar e melhorar o bem-estar.

    b) A ação humana é sempre orientada para a remoção do desconforto ou a melhoria da condição de vida. Quanto mais recursos (renda) um indivíduo ganha ou produz, maior a capacidade de satisfazer suas necessidades e desejos.

c) Para melhorar a condição de vida, os indivíduos buscam aumentar seus recursos, incluindo a renda. *Ganhar mais*, portanto, é uma manifestação natural do impulso humano de agir propositalmente para melhorar sua situação financeira.

d) O imperativo de *ganhar mais* precisa anteceder as demais bases pois, sem recursos, as outras ações (gastar, poupar, investir) vão se tornando cada vez mais limitadas.

2. **Gastar bem**

a) Uma vez obtidos os recursos, alocá-los de maneira eficiente maximiza a utilidade e os benefícios, seguindo a lógica econômica da utilidade marginal decrescente (a necessidade ou a vontade pelo quarto pedaço de pizza tende a ser menor do que pelo primeiro pedaço, por exemplo).

b) Para que qualquer ação seja eficaz, deve haver o uso adequado dos meios e recursos disponíveis. *Gastar bem* é uma forma de maximizar a utilidade dos recursos financeiros.

c) A praxeologia sustenta que os recursos são escassos e que escolher envolve custos. Assim, *gastar bem* implica escolher de maneira que se obtenha o máximo valor possível para cada recurso empregado.

d) Gastar eficientemente eleva ao máximo a utilidade (benefício) por cada unidade de produto ou serviço adquirido, satisfazendo necessidades mais urgentes primeiro e otimizando a satisfação geral.

3. **Poupar certo**

a) A preferência temporal é a proposição de que os indivíduos preferem satisfazer suas necessidades mais cedo do que mais tarde. Logo, poupar é uma decisão racional de adiar a gratificação presente para garantir recursos no futuro, envolvendo esforço.

b) *Poupar certo*, portanto, é o desafio necessário de salvar uma parte dos ganhos na medida mais próxima possível de nossos objetivos, necessidades e desejos futuros, nem mais nem menos.

c) A ação de poupar também se baseia na necessidade de preparar-se para eventos futuros e contingências, garantindo segurança e estabilidade.

d) A ação proposital que leva ao acúmulo de capital permite maiores investimentos futuros, uma condição essencial para o bem-estar a longo prazo.

4. **Investir melhor**

a) Diversificar e buscar melhores retornos é uma consequência lógica da tentativa de maximizar os benefícios de recursos poupados e aumentar o capital ao longo do tempo.

b) Justamente por preferirmos o consumo no presente, queremos ser recompensados por esse sacrifício com o recebimento de juros, além da possibilidade de alcançar objetivos maiores.

c) Assim, investir é usar recursos presentes para alcançar fins futuros mais valiosos. Esse processo é inerente à ação humana, buscando maximizar o retorno dos investimentos efetuados com vistas ao crescimento financeiro e à prosperidade.

d) Os indivíduos, ao investir, utilizam a causalidade proposital de ações racionais destinadas a aumentar sua riqueza por meio do retorno proporcionado pelos juros compostos.

A aplicação sequencial e equilibrada das *quatro bases* é lógica e necessária para a melhoria contínua do bem-estar financeiro. Cada uma das bases deve ser tratada com igual dedicação. *Ganhar mais* sem *gastar bem* pode levar ao desperdício e ao consequente empobrecimento, como no caso de Gary Kildall. *Gastar bem* sem *poupar certo* impede a realização de objetivos no tempo e nas condições que queremos, como no caso de Sofia. *Poupar certo* sem *investir melhor* limita o crescimento de longo prazo.

Assim como na praxeologia, em que a ação é um sistema integrado de propósitos e meios, as *quatro bases* são interdependentes e se reforçam mutuamente. Essas ações são sequenciais e cada etapa serve como fundamento para a próxima. *Ganhar mais* fornece os meios para *gastar bem*, o que permite *poupar certo*, que, por sua vez, resulta em capital disponível para *investir melhor*. Disso se conclui que precisamos dedicar esforço equivalente a todas essas etapas.

Por outro lado, dentro da estrutura do nosso *cérebro financeiro*, com a *razão*, o *comportamento*, o *instinto* e a *motivação*, só a primeira dimensão, a *razão*, pode ser explicada pela abordagem exclusivamente lógica. Porém, se apenas a nossa *razão* operasse no *cérebro financeiro*, não existiria *síndrome do plano* e tudo funcionaria sempre perfeitamente. Não é bem assim, como sabemos.

Portanto, para uma teoria completa das finanças pessoais, precisamos de uma metodologia pluralista para chegar à verdade. A teoria começa usando o método lógico, com premissas autoevidentes, para conhecer a nossa divisão racional através da praxeologia. Ao mesmo tempo, não pode dispensar comprovações empíricas para as demais divisões do cérebro financeiro, vindas das ciências comportamentais.

Ao longo da história, do ponto de vista prático, desde que o *sapiens* emergiu com o seu cérebro poderoso, essas bases foram usadas como as principais ferramenta individuais para conseguirmos evoluir de um punhado de pessoas seminuas no leste da África para mais de oito bilhões de seres humanos que fabricam naves espaciais. Tudo graças a esse algoritmo poderoso, a essa sabedoria ancestral e atemporal das *quatro bases*. Essa sabedoria está à sua disposição aqui, e tudo ficará mais fácil ao seguir os oito passos que começarão em nosso desafio de trinta dias, a partir do próximo capítulo.

Cada pessoa, dadas as suas particularidades e desafios individuais, também pode fazer sua "revolução" com impactos similares aos obtidos pela humanidade com a Revolução Industrial, que destravou um crescimento financeiro exponencial sem precedentes.

A TEMPESTADE PERFEITA

Essa explosão de crescimento da Revolução Industrial não surgiu de repente, fruto de eventos isolados e aleatórios da época. Analogamente, é provável que aconteça o mesmo com o seu crescimento financeiro: ele será fruto da integração de todas as bases e da consistência nas ações que as envolvem.

No caso da Revolução Industrial, homens e mulheres em todo o mundo usaram e aprimoraram as *quatro bases* da ação econômica, buscando *ganhar mais, gastar bem, poupar certo e investir melhor*. Esse esforço constante, com uma dedicação equilibrada a cada base, permitiu a geração de excedentes que impulsionaram o progresso material e o crescimento populacional.

É muito importante reforçar isso também: a geração de crescimento financeiro de longo prazo só é logicamente possível, seja no nível familiar, nacional ou global, quando os indivíduos executam essas quatros bases com o mesmo esforço distribuído em cada uma. Não existe fórmula mágica. Quanto mais aprimoramos essa capacidade de planejar e executar planos financeiros, postergando recompensas, com os esforços correspondentes, maiores se tornaram as chances de bons resultados com as *quatro bases* financeiras essenciais do "ganhe, gaste, poupe e invista".

Essa foi a jornada de busca de todos os humanos pelo melhor, em que aprendemos a fazer sacrifícios hoje para colher os benefícios amanhã. Com isso, fomos gerando os excedentes e bens materiais necessários para acumular o mais transformador capital de todos: o capital humano.

Observe o gráfico abaixo. Análogo ao gráfico que já vimos lá atrás sobre o crescimento da riqueza, esse mostra a evolução da população mundial, o capital humano global, desde o ano zero (232 milhões) até hoje (8 bilhões), passando pelo ano 1800 (985 milhões). Seu formato também é uma típica curva de crescimento exponencial.

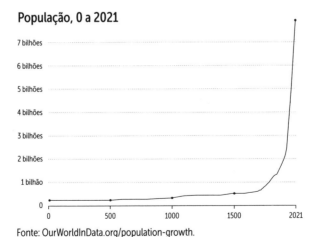

População, 0 a 2021

Fonte: OurWorldInData.org/population-growth.

Ocorreu um crescimento mais lento, porém constante, durante séculos, seguido por uma aceleração exponencial a partir de 1800, coincidindo com a Revolução Industrial. Essa aceleração só foi possível graças ao acúmulo de capital humano ao longo de milênios, porque a acumulação de capital humano e intelectual aumentou a probabilidade de surgirem inovações tecnológicas pela ação de inventores e empreendedores. Também deu ao mundo o número necessário de pessoas para fabricar os produtos e, principalmente, para dar a necessária escala ao consumo desses produtos, permitindo que a industrialização se espalhasse por diversos países, com as trocas gerando riqueza em um nível sem paralelo.

Mais do que números, significa que o bem-estar e o conforto material se multiplicou. Menos crianças morriam depois de nascer, passamos a viver mais e a vida se tornou menos sofrida em tantos aspectos que não há espaço aqui para listar.

A Idade Média, que durou cerca de mil anos e, segundo as convenções dos historiadores, terminou em 1453 com a tomada de Constantinopla, teve um papel importante nesse processo. Esse período é negligenciado como apenas um longo inverno de trevas em que pouca coisa positiva foi produzida. Em vez disso, esse processo das *quatro bases* continuou durante esse período de quase mil anos e, apesar das muitas mortes causadas por guerras e pestes, a população total continuou crescendo.

Prova disso é que, em seus últimos anos, a Idade Média nos entregou a Revolução do Conhecimento, com o desenvolvimento da imprensa de Gutenberg entre os anos de 1439 e 1440. Foi o início da difusão de conhecimento em escala industrial e planetária. Inovadores e cientistas de regiões e gerações diferentes passaram a aprender uns com os outros muito mais rapidamente do que na época em que os livros eram copiados a mão.

Portanto, se você ainda tem dificuldade para acumular capital humano e intelectual suficiente para acelerar, não desmereça essa sua "idade média" pessoal. É um período que, financeiramente, pode apresentar poucos resultados aparentes. Mas se você estiver na direção certa, usando as *quatro bases* com consistência, chegará oportunamente o seu período de crescimento financeiro mais expressivo e exponencial.

O EDIFÍCIO DA PROSPERIDADE

Para acelerar esses objetivos com o uso do *método*, peço agora que imagine um edifício simbólico com três níveis. Isso será mais importante do que parece agora. Cada andar representa um conjunto de bases que dão as condições para a nossa prosperidade. Esse edifício é a projeção visual mais ampla do **Método das 4 Bases**®, mostrando como as diferentes dimensões da vida se conectam e criam as condições para o crescimento e o bem-estar financeiros.

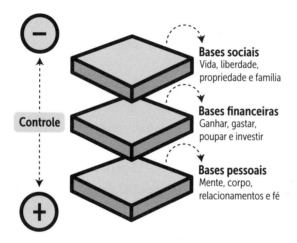

No primeiro andar, encontramos as *bases individuais* (ou *pessoais*) intransferíveis: *mente, corpo, relacionamentos* e *fé* (*espiritualidade*). Esses elementos estão sob nosso controle mais direto e desempenham um papel crucial na facilitação da implementação do **Método das 4 Bases**®. Aqui está uma breve explicação de cada um, pois sua importância é evidente:

• *Mente*: cuidar da saúde mental, ampliar conhecimentos e desenvolver habilidades.
• *Corpo*: manter a saúde física por meio de exercícios regulares, alimentação adequada e sono suficiente.
• *Relacionamentos*: cultivar conexões saudáveis e de apoio com família, amigos e colegas.

- **Fé** (*espiritualidade*): desenvolver um senso de propósito e significado além do material.

Embora não sejam pré-requisitos para iniciar ou executar o **Método das 4 Bases**®, fortalecer as bases individuais nos torna mais resilientes e capazes de adiar gratificações imediatas em prol de objetivos de longo prazo.

No segundo andar, encontramos o núcleo do **Método das 4 Bases**®: as *bases financeiras* de ganhar, gastar, poupar e investir. Elas estão um pouco mais distantes do nosso controle direto em comparação com as *bases individuais*, mas ainda assim temos um grande poder de influência sobre elas. Nesse sentido, o **Método das 4 Bases**® nos fornece as técnicas corretas para ter esse controle, permitindo o acesso a ações financeiras essenciais e atemporais das *quatro bases*.

No topo do edifício, no terceiro andar, estão as *bases sociais* que começamos a abordar no capítulo anterior: *vida, liberdade, propriedade e família*. Essas bases estão menos sob nosso controle individual, pois são amplamente determinadas pelas condições socioeconômicas e políticas do local onde vivemos.

No entanto, isso não significa que devemos ignorá-las. Fazer isso significa facilitar o trabalho dos agentes da *síndrome do plano*. Precisamos promover e difundir ideias de prosperidade, ao mesmo tempo que combatemos as ideias antiprosperidade. Ao fazer isso, podemos ajudar a impulsionar mudanças positivas e "mover os botões" das *bases sociais* para cima, criando um ambiente mais propício para a prosperidade.

É preciso reconhecer, no entanto, que essas mudanças no nível social muitas vezes levam tempo. Embora a execução do **Método das 4 Bases**® seja possível na maior parte dos países do mundo, a ação dos *estatistas*, promotores involuntários ou propositais da *síndrome do plano*, busca criar obstáculos. A grandeza desses obstáculos varia muito entre certos grupos de países. É por isso que, em algumas das *bases financeiras*, também aplicaremos princípios de internacionalização das finanças com a ajuda de uma releitura da conhecida Teoria das Bandeiras. Assim, podemos reduzir bastante esses obstáculos. Falaremos dessa releitura oportunamente.

Em essência, o *edifício da prosperidade* nos lembra que o crescimento financeiro sustentável não é resultado de um único fator, mas, sim, da interação de múltiplas bases em níveis diferentes. Significa, obviamente, que há uma interdependência entre as diferentes dimensões da nossa vida. As *bases individuais* fornecem a fundação para o sucesso nas *bases financeiras*, que, por sua vez, são influenciadas pelas *bases sociais*.

Em outras palavras, fortalecendo nossas *bases individuais*, dominando as *bases financeiras*, através do **Método das 4 Bases®**, e ajudando a promover as *bases sociais* impulsionadoras, podemos construir um alicerce para a prosperidade, que resistirá ao teste do tempo.

RESISTINDO AO PALHAÇO DA SÍNDROME

Conforme já falamos bastante, provando através da lógica e dos dados de longo prazo da história econômica, a natureza humana nos impulsiona a buscar o aprimoramento e o progresso. Essa característica universal e imutável está presente em todas as culturas e em todas as épocas. É o que nos move a aprender, a inovar e a construir um futuro melhor para nós e para as gerações depois de nós.

Como vimos, os estudos do professor Mischel em Stanford revelaram a importância do autocontrole e da capacidade de adiar gratificações para atingirmos esses objetivos. Em outro de seus estudos, o mais conhecido, chamado Teste do Marshmellow,[45] as crianças ganhavam dois marshmellows por conseguir esperar vinte minutos na sala, em vez de apenas um, quando comiam o doce imediatamente. As crianças que tinham mais autocontrole e conseguiam aguardar tendiam, depois, a ter melhores resultados acadêmicos e relacionamentos mais saudáveis, além de maior sucesso profissional e financeiro ao longo da vida.

Já no caso da Caixa do Palhaço, embora as crianças não tenham sido acompanhadas posteriormente, seu teste era ainda mais desafiador, e mais parecido com o que enfrentamos no mundo real das finanças, com a *síndrome do plano*. Além da espera, a recompensa ainda era condicionada a um

---

45 MISCHEL, W. **O teste do marshmallow:** por que a força de vontade é a chave do sucesso. Rio de Janeiro: Objetiva, 2016.

esforço (fazer uma tarefa pouco prazerosa) e resistir a uma tentação forte vinda das vozes da caixa. Portanto, desenvolver um método para resistir ao teste da caixa tendia a revelar uma força de autocontrole ainda maior por parte de cada criança.

De fato, em estudos posteriores, o próprio professor Mischel viria a descobrir que o conhecimento das estratégias cognitivas para adiar a gratificação estava associado a um melhor desempenho no teste da Caixa do Palhaço.[46]

Nossos heróis, Sofia, Daniel e Camila, entenderam a importância de contar com o apoio do **Método das 4 Bases®**, o qual tem alto grau de validação e está alinhado ao funcionamento do *cérebro financeiro*, mas com flexibilidade suficiente para se adaptar às características, comportamentos, necessidades e desejos individuais. Com uma lógica análoga a das crianças do teste, eles usaram o *método* para resistir ao imediatismo e às tentações, tendo uma execução mais fácil e automática de seus planos, além de manterem o foco em seus objetivos mais importantes e recompensadores.

Contudo, quais foram os passos que eles seguiram? No caso do teste da caixa, o principal "método" das crianças bem-sucedidas era simplesmente desviar o olhar do palhaço e pensar no dever, facilitando o controle por meio da dimensão racional do cérebro. Mas e agora, na vida adulta e prática, como podemos desenvolver a capacidade de resistir às distrações e tentações, tendo que fazer esforços e adiar recompensas para vencer o palhaço sinistro da *síndrome do plano*?

Os oito passos do método explicam essa jornada que, na essência, também pode ser explicada transformando o teste das crianças em uma analogia: é preciso desviar o olhar do palhaço da *síndrome*, colocando cada dimensão de nosso *cérebro financeiro* para trabalhar na tarefa que faz melhor.

---

[46] RODRIGUEZ, M. L.; MISCHEL, W.; SHODA, Y. Cognitive Person Variables in the Delay of Gratification of Older Children at Risk. **Journal of Personality and Social Psychology**, v. 57, n. 2, p. 358-367, 1989.

O MÉTODO PASSO A PASSO

Chegamos ao final deste capítulo com uma compreensão mais profunda das leis e fenômenos que geram controle, crescimento e bem-estar financeiros. A essa altura, espero que você já esteja mais tranquilo e otimista depois de acompanhar as evidências diversas sobre a capacidade do *método* de produzir os resultados de que precisamos, pelo menos do ponto de vista científico, lógico e histórico. Mas não paramos aqui, conforme combinamos. Agora virão as estatísticas e os testemunhos das transformações de Camila, Sofia e Daniel, junto com a explicação de cada um dos oito passos em nosso desafio de trinta dias. E, no fim, teremos o principal: o seu próprio testemunho após percorrer cada um desses passos.

A primeira etapa passa pelo autoconhecimento. Precisamos entender nossos pontos fortes e fracos, e como as características pessoais influenciam nossas decisões financeiras. No próximo capítulo, iniciaremos a jornada do autoconhecimento com uma ferramenta poderosa: o autodiagnóstico. Através de testes como o IBEFi e o DISC, você terá a oportunidade de se conhecer melhor e identificar as áreas em que precisa se desenvolver. Zere a contagem do calendário e comece o desafio.

UMA COISA POR VEZ: CONHECENDO A SI MESMO (PASSO 1)

"**E**m trinta dias é impossível!" Essa foi a afirmação de Lara na comunidade em que fazíamos a formação de inúmeros profissionais de finanças com perfis, cargos e especializações distintas: assessores financeiros, corretores de seguros, planejadores financeiros pessoais, líderes de equipes e tantos outros. De fato, do modo como eu tinha explicado, configurar um *plano financeiro personalizado* ficou parecendo "bom demais para ser verdade".

Então vamos relembrar o que já vimos em capítulos anteriores: *as quatro bases financeiras essenciais* já estão gravadas em nosso cérebro, tal qual um algoritmo. Fazem parte da ação humana como uma sabedoria atemporal. Basta desbloquear. É por isso que pessoas muito instruídas podem falhar nas finanças, e outras sem qualquer vestígio de educação financeira têm sucesso.

Vimos os casos de Gary Kildall, Geoffrey Holt e Ronald Read, que ilustram bem esse dilema. De um lado, Kildall que, apesar de sua genialidade em computação, foi vencido pela *síndrome do plano*. De outro, Geoffrey Holt e Ronald Read, o zelador e o frentista milionários que usaram as *quatro bases* com maestria, ainda que de maneira intuitiva e até um tanto quanto extrema no adiamento das gratificações – mas cada um com seus objetos individuais, não é?

É claro que o processo de crescimento financeiro recorrente para atingir metas demora mais tempo: dependendo do objetivo fixado, pode levar meses, anos ou até décadas. Mas desbloquear e fazer o *setup* não demora mais do que trinta dias, dedicando alguns minutos por dia. E este primeiro passo não precisa demorar mais do que **dois dias**.

CONHECENDO O SEU EDIFÍCIO DA PROSPERIDADE

No capítulo anterior, vimos como o crescimento e o bem-estar financeiros envolvem as *bases individuais, financeiras* e *sociais* da prosperidade. No primeiro nível, estão as *bases individuais* intransferíveis: *mente, corpo, relacionamentos* e *fé* (espiritualidade). Esses elementos estão sob seu controle mais direto e desempenham um papel importante em facilitar a implementação do **Método das 4 Bases®**.

Faça um exame das suas forças e fraquezas nesse primeiro nível. Verifique se está dando a devida atenção a essas bases individuais de modo equivalente. Elas nos tornam mais resilientes para adiar gratificações imediatas em prol de objetivos de longo prazo. Além disso, o autocontrole que facilita sacrifícios para ter recompensas futuras não é apenas consequência dessas bases individuais. Ele também é causa do sucesso nesse necessário equilíbrio da atenção dedicada a elas.

Por isso, a execução do *método*, que faremos a partir de agora, vai beneficiá-lo nesse primeiro nível também. O *método* é um treino constante para aprimorar suas habilidades de autocontrole e adiamento de gratificações.

Agora, vamos até o terceiro andar, o mais distante de todos, e que você controla muito menos. Ali estão as *bases sociais* que discutimos anteriormente: *vida, liberdade, propriedade* e *família*. Essas bases são determinadas pelas condições socioeconômicas e políticas do local onde vivemos.

Com base na experiência deste autor na pesquisa da história econômica global, além das décadas de trabalho no universo financeiro, elaborei o quadro a seguir, que une os índices[47] de liberdade econômica, proteção à vida, à família e à propriedade privada que descrevi no **Capítulo 5**. Utilizei pelos menos dois índices amplamente reconhecidos em cada base social para

---

47 Vide **Capítulo 5**.

elaborar o Índice de Prosperidade Global (IPG). O IPG varia[48] varia de 0 a 100 pontos e expressa uma média simples das *bases sociais* impulsionadoras, que têm pesos iguais.

Portanto, esse *índice de prosperidade* classifica os países de acordo com a força dessas *bases sociais*. Quanto maior a média, maior é a probabilidade de encontrarmos países já prósperos e com maior propensão à prosperidade no futuro. Contudo, como já dissemos, os Estados modernos concentram atualmente enorme poder para mover esses botões de uma maneira sem paralelo na história econômica. Construir um ambiente que favoreça a prosperidade é muito mais trabalhoso e leva bem mais tempo do que desfazer tal ambiente.

Assim, considere que esse índice pode ser dinâmico, com trocas de posições entre países. No segmento 1, estão os três países onde o *índice de prosperidade* é igual ou maior a 90. Assim como os Estados Unidos da América, a Suíça leva a vantagem de ser uma verdadeira federação de estados (cantões, no caso suíço) com grande autonomia em relação ao poder central. E isso coloca uma camada adicional de blindagem à sua posição no índice. Se um estado ou cantão ataca as *bases sociais*, as pessoas podem mudar para outro, como tem ocorrido nos EUA.

Se você vive em um desses países a seguir, sua necessidade de internacionalização das finanças tende a ser *muito baixa*, por todas essas razões que colocam esses lugares entre os mais prósperos. Ao mesmo tempo, para quem não vive neles, são três lugares a serem considerados em qualquer estratégia de internacionalização por habitantes de outros países.

Classificação	País	Vida	Família	Propriedade	Liberdade	Média
1	Suíça	90	70	100	100	90,0
2	Cingapura	90	80	90	100	90,0
3	Finlândia	100	70	100	90	90,0

---

48 Para acessar o índice atualizado e sua metodologia, visite: https://finan.to/ipg.

Já no segmento 2, a necessidade de internacionalização das finanças é *baixa*, pois o índice de prosperidade é igual ou maior que 80.

Classificação	País	Vida	Família	Propriedade	Liberdade	Média
4	Nova Zelândia	100	70	90	90	87,5
5	Irlanda	100	80	80	90	87,5
6	Japão	100	80	80	90	87,5
7	Islândia	100	70	80	90	85,0
8	Áustria	100	70	80	90	85,0
9	Dinamarca	100	70	80	90	85,0
10	Austrália	90	70	90	90	85,0
11	Países Baixos	90	70	90	90	85,0
12	Suécia	90	70	90	90	85,0
13	Luxemburgo	90	70	90	90	85,0
14	Estônia	90	70	80	100	85,0
15	Canadá	90	70	80	90	82,5
16	Reino Unido	90	70	80	90	82,5
17	Noruega	90	70	80	90	82,5
18	Alemanha	90	70	80	90	82,5
19	Estados Unidos	80	70	80	90	80,0
20	Lituânia	80	70	80	90	80,0
21	Coreia do Sul	90	80	80	70	80,0

Contudo, alguns estados americanos específicos, se considerados sozinhos, teriam um índice maior do que 90. Assim, por causa do seu verdadeiro federalismo, do tamanho do PIB e da força do dólar no mundo, os Estados Unidos devem ser considerados em qualquer estratégia de internacionalização.

Já no segmento 3 a seguir, a necessidade de internacionalização das finanças é *moderada*, devido ao índice de prosperidade ser menor que 80 e maior ou igual a 70.

Classificação	País	Vida	Família	Propriedade	Liberdade	Média
22	República Checa	90	70	70	80	77,5
23	Espanha	90	80	70	70	77,5
24	Portugal	90	80	70	70	77,5
25	Bélgica	90	70	80	70	77,5
26	França	90	70	80	70	77,5
27	Israel	80	80	70	70	75,0
28	Eslovênia	90	80	60	70	75,0
29	Polônia	80	90	60	70	75,0
30	Itália	80	90	60	70	75,0

Por fim, da 31ª posição em diante, a necessidade de internacionalização é *alta* ou *muito alta*. Falaremos mais dessa estratégia ao longo dos próximos capítulos. Um indicador dessa necessidade costuma se materializar nas taxas de migração líquida: quanto o país perde, comparado ao que ganha em cada ano. É o chamado "voto com os pés". Mudar de país costuma ser parte das medidas mais extremas de internacionalização, como fez a família do Samuel.

De acordo com os últimos dados disponíveis,[49] o país com maior migração líquida positiva (pessoas que entram menos pessoas que saem) em 2020 é os Estados Unidos da América, seguido pela Alemanha. Na ponta oposta, o país com maior migração líquida negativa no mesmo período foi a Venezuela, com milhões de pessoas saindo em uma enorme diáspora.

Agora vamos mirar no segundo andar do seu edifício: *as quatro bases financeiras*. Aqui estão as bases essenciais para o seu crescimento nas finanças: *ganhar mais, gastar bem, poupar certo e investir melhor*. Nos próximos tópicos deste capítulo, você aprenderá a conhecê-las melhor, preparando-as para a jornada que virá na sequência.

---

[49] ORTIZ-OSPINA, E. *et al*. Migration. **Our World in Data**. 2022. Disponível em: https://ourworldindata.org/migration. Acesso em: 24 maio 2024.

CONHECENDO O IBEFi E ENTENDENDO POR QUE ELE É IMPORTANTE

Vimos que o IBEFi, sigla para *Índice de Bem-Estar Financeiro*, é um teste on-line que avalia seu atual estágio nas áreas fundamentais do planejamento financeiro pessoal. Ao responder o questionário, você recebe uma pontuação que pode variar de 0 a 1.000. Quanto maior sua pontuação, melhor o seu bem-estar financeiro. As pontuações de Camila, Daniel e Sofia ficaram condizentes com suas respetivas situações, conforme vimos no **Capítulo 2**.

O IBEFi visa medir as habilidades, comportamentos e conhecimentos nas *quatro bases*. Espero que você já tenha feito o seu. Caso ainda não, aqui vai aqui um novo link para realizar o teste, no qual você também poderá conhecer um pouco mais sobre sua metodologia de construção: https://finan.to/ibefi.

E por que que ele é importante para o seu autoconhecimento em finanças? Cada questão do IBEFi visa abordar os principais aspectos da sua vida financeira, fornecendo dados valiosos sobre seus pontos fortes e fracos:

- **Pergunta 1**: avalia a evolução de sua renda diante do aumento nos índices de preços, que é um dos fatores mais corrosivos das conquistas financeiras. É preciso *ganhar mais* ao longo do tempo para evitar esse tipo de perda.
- **Pergunta 2**: avalia o capital intelectual que você vem acumulando ou reciclando ao longo do tempo. Capital intelectual é um dos ativos mais importantes. O fato de você estar investindo nesse aspecto de sua mente nos últimos meses é um sinal de que terá ainda mais chances de elevar seus ganhos ao longo do tempo, vencendo a inflação da moeda e tendo um aumento real de rendimentos.
- **Pergunta 3**: analisa a proteção contra imprevistos não seguráveis. É a base da independência financeira 2 (ou nível 2), permitindo que você tenha um plano seguro para seu futuro, seja no caso de gastos inesperados que não podem ser objeto de um seguro ou para aquelas despesas repentinas que você subestimou.

- **Pergunta 4**: mede a sua velocidade em poupar. Em termos ideais, você deve conseguir acumular uma reserva equivalente a uma renda ou salário mensal em um período de cinco ou seis meses, no máximo. Se demorar mais do que isso, pode ser que esteja com dificuldades em *gastar bem*.
- **Pergunta 5**: analisa como você distribui o seu dinheiro entre os quatro grupos de necessidades financeiras. Obter equilíbrio, com um alvo flexível de 25% para cada grupo, vai elevar as suas chances de ter boa saúde financeira, com avanços na sincronia entre as *quatro bases*.
- **Pergunta 6**: indica o seu nível de reservas disponíveis para investir. A partir dessa informação, será possível estimar em que etapa da independência financeira você está no momento.
- **Perguntas 7 e 8**: medem o comprometimento da sua renda com dívidas e financiamentos. Quanto menor, melhor.
- **Perguntas 9 e 10**: incorpora o seu histórico de crédito, que é uma boa medida para saber se você tem uma vida financeira organizada em relação, sobretudo, ao pagamento em dia das contas.
- **Perguntas 11 e 12**: fazem um aglutinamento de variáveis para que o IBEFi possa ser calculado com maior precisão.

Ao responder a todas as perguntas, você terá uma classificação precisa da sua situação atual. Esse autoconhecimento é essencial para seus sucessivos planos de crescimento financeiro sustentável. Realizar o teste novamente de tempos em tempos fará com que você tenha uma medida concreta da sua evolução. Lembre-se: "Aquilo que pode ser medido, pode ser melhorado". O IBEFi é o ponteiro do *dimmer* que vai indicar onde você está, de modo que você possa saber o quanto precisa "girar" para chegar às áreas mais elevadas de bem-estar financeiro.

SOBRE HERÓIS: O CRIADOR DA MULHER-MARAVILHA E O TESTE DISC

Para facilitar o trabalho de girar esse *dimmer*, precisamos conhecer melhor a divisão *comportamental* do *cérebro financeiro*. Conforme já vimos, nas demais divisões da *razão*, do *instinto* e da *motivação*, todos os seres humanos estão unidos por características universais e comuns a todos. Já no *comportamento*, não. Estamos divididos em muitos subgrupos, o que torna o nosso comportamento parecido com o de um certo conjunto de seres humanos e diferente dos demais.

Para falar de perfil comportamental, precisamos apresentar William Moulton Marston. Marston foi um psicólogo, inventor e escritor nascido nos Estados Unidos que viveu na primeira metade do século XX. Ele é mais conhecido por ter criado a personagem Mulher-Maravilha, uma super-heroína que se tornou um ícone da cultura pop.

Ele também deixou outro legado importante: os fundamentos da teoria DISC. Durante seus estudos de psicologia, ele se interessou pela ideia de que as pessoas exibem traços emocionais e comportamentais que podem ser categorizados. A partir disso, desenvolveu um modelo que identifica quatro tipos principais de comportamento: Dominância (D [*Dominance*]), Influência (I [*Inducement*]), Estabilidade (S [*Submission*]) e Conformidade (C [*Compliance*]).[50]

Assim como o polígrafo (chamado popularmente de "detector de mentiras"), do qual Marston também foi precursor,[51] o teste DISC foi aprimorado ao longo dos anos por outros pesquisadores e especialistas. Hoje, é uma das ferramentas mais utilizadas para análise de perfil comportamental, com aplicações em diversas áreas, incluindo as finanças pessoais, de acordo com o nosso *método*. Afinal, nosso comportamento tem um impacto enorme no modo como lidamos com dinheiro, havendo uma divisão inteira do *cérebro financeiro* dedicada a ele. Cada perfil DISC tem suas características únicas que influenciam as decisões financeiras. Vamos conhecer um pouco mais cada um deles:

---

50 VÉLEZ, M. Modelo DISC: o que a Mulher Maravilha tem a ver com o estudo da personalidade? **A mente é maravilhosa**, 20 dez. 2022. Disponível em: https://amenteemaravilhosa.com.br/modelo-disc/. Acesso em: 23 maio 2024.

51 A HISTÓRIA do instrumento do polígrafo. **Polígrafo Brasil**. Disponível em: https://www.poligrafobrasil.com/poligrafo-br/historia/. Acesso em: 23 maio 2024.

- *Dominância (D):* pessoas com alta Dominância são decisivas, orientadas para resultados e dispostas a assumir riscos. Nas finanças, tendem a ser confiantes ao tomar decisões de investimento e não têm medo de negociar melhores condições. São ótimas em agir rápido quando veem uma oportunidade, como investir em ações quando o mercado está em baixa. No entanto, podem ser impulsivas e negligenciar o planejamento de longo prazo, o que ocasionalmente leva a decisões financeiras arriscadas ou precipitadas.
- *Influência (I):* indivíduos com alta Influência são extrovertidos, entusiasmados e adoram interagir com os outros. Quando se trata de dinheiro, eles podem ser generosos e gostar de demonstrar status através de compras e experiências luxuosas. Têm facilidade para negociar e convencer os outros, o que pode ser útil em situações de vendas ou negociações salariais. Porém, podem ter dificuldade em seguir um orçamento e poupar para o futuro, pois tendem a valorizar a gratificação imediata e sua autoimagem perante outros, como no caso da Camila.
- *Estabilidade (S):* pessoas com alta Estabilidade são pacientes, leais e gostam de harmonia. Nas finanças, tendem a ser conservadoras e preferem a segurança de investimentos de baixo risco, como títulos do governo e fundos de renda fixa. São boas em seguir um plano e poupar consistentemente, construindo um patrimônio sólido ao longo do tempo. No entanto, podem perder oportunidades de crescimento por serem muito cautelosas e resistentes a mudanças.
- *Conformidade (C):* indivíduos com alta Conformidade são analíticos, detalhistas e apreciam seguir regras. Quando se trata de dinheiro, são meticulosos com o orçamento e tomam decisões baseadas em fatos e pesquisas extensivas. São excelentes em evitar dívidas e construir patrimônio a longo prazo, pois são disciplinados e conseguem adiar gratificações. Porém, podem ser muito rígidos e ter dificuldade em lidar com imprevistos ou tomar decisões rápidas quando necessário.

É fundamental lembrar que cada pessoa é uma combinação única desses perfis, geralmente com um ou dois deles sendo determinantes para indicar padrões de comportamento. O objetivo não é rotular, mas entender nossas tendências naturais e como elas influenciam nossa relação com o dinheiro. Ao fazer o teste DISC e refletir sobre seu próprio comportamento, você terá *insights* valiosos sobre seus padrões financeiros.

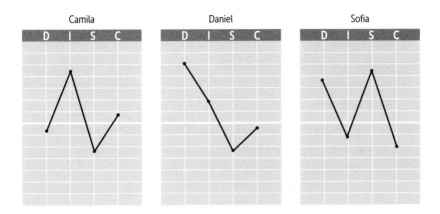

Acima podemos ver o gráfico do perfil DISC para Camila, Daniel e Sofia. Comentaremos o teste de Camila no tópico seguinte. Avaliando o Daniel, vemos que teve como resultado um perfil com alto nível em "D", de dominância. Pessoas assim são decididas e focadas em resultados práticos. Elas gostam de tomar decisões e odeiam esperar. Com o IBEFi, Daniel descobriu que seu nível de bem-estar financeiro estava muito baixo para o padrão de renda que tinha. Logo, precisava rever a forma como lidava com o dinheiro. No entanto, como alguém típico do perfil "D", ele tomou a decisão mais radical possível: mudar de país.

A essa altura você deve ter notado que nossos personagens vivem no Brasil. Então, na visão de Daniel, como no Brasil "tudo era muito difícil", a saída seria morar em um país mais próspero. Afinal, ele era desenvolvedor de software, o que facilitava a possibilidade de trabalhar em qualquer parte do mundo. Depois de conversar conosco, será que ele mudou de visão?

Para interpretar os perfis DISC, as principais provedoras do mercado, em todo o mundo, contam com formações que são normalmente extensas em conteúdo e prática. A interpretação do diagnóstico serve a diversos propósitos, sendo os mais comuns os processos seletivos, as descrições de perfis ideais para diferentes cargos e desafios, além da busca por formar equipes com integrantes que se complementem. Porém, quando se trata de seu uso no campo das finanças, o diagnóstico não é tão complexo. Veja o caso de Sofia.

Embora tivesse um alto nível em "D", o que a tornava propensa a assumir riscos financeiros, ela apresentava um indicador "S", de estabilidade, ainda mais elevado do que "D". Isso a tornava adepta de um planejamento mais detalhado e cauteloso. Também, de certa forma, a mantinha ligada ao seu status e a sua zona de conforto. Ou seja: parte dela queria se mudar para morar fora durante um tempo e fazer o curso, conforme revelamos, mas a outra parte queria permanecer no cargo como executiva. Ela gostava do status daquela conquista profissional e, sobretudo, de poder viver seus planos sem apertos financeiros.

Contudo, talvez até por querer adiar a decisão de deixar o trabalho e mudar, Sofia não poupava tanto quanto poderia poupar. Pelo menos essa foi a nossa hipótese quando discutimos o seu diagnóstico com os demais profissionais que estavam no debate sobre seu estudo de caso, o que fazíamos com frequência nos cursos, sempre com a preocupação da confidencialidade das identidades. "É uma sabotagem até inconsciente", decretaram alguns. Veremos como a situação dela evoluiu.

É importante que você faça também o seu teste DISC básico e gratuito usando o link no rodapé.[52] Com ele em mãos, junto com a leitura do potencial comportamento de cada perfil em relação às finanças apresentado neste capítulo, você poderá entender melhor como potencializar suas forças e diminuir eventuais fraquezas. O teste DISC é uma das referências centrais para entendermos a divisão comportamental do nosso *cérebro financeiro* e, por consequência, harmonizá-la com as demais divisões ao longo dos próximos passos do *método*.

CAMILA E A MULHER-MARAVILHA

Lara, a princípio, estava cética sobre a possibilidade de transformação em 30 dias. Porém, nos contou depois que tinha mudado de opinião,

---

52 https://finan.to/disc.

porque havia sido simples e rápido trabalhar com a família de Camila tanto o IBEFi quanto o teste DISC nesse primeiro passo do *método*. Lara estava impressionada com o impacto que esse autoconhecimento provocou no casal, particularmente em Camila. Ao fazer o IBEFi, Camila se deu conta de que sua renda não vinha acompanhando os índices de preços nos últimos anos, o que explicava a sensação de estar sempre "correndo atrás do prejuízo".

Ela também percebeu que a maior parte de suas despesas estava concentrada no grupo de "manutenção", sobrando pouco para os demais *grupos de necessidades*. Trataremos de gastos no **Capítulo 9**. Já o teste DISC revelou que Camila tinha alto "I", de Influência, o que a tornava mais propensa a gastos emocionais e impulsivos. Seu marido, por outro lado, tinha alto "S", o que o fazia ser mais contido e conservador com o dinheiro.

Esse contraste de perfis estava gerando muitos conflitos e desentendimentos entre eles. Mas armados com esse autoconhecimento, Camila e o marido se comprometeram a ter conversas mais construtivas sobre suas finanças, tendo em vista não permitir que questões financeiras minassem o seu relacionamento. Eles se comprometeram a criar um plano que respeitasse o perfil de ambos, ao mesmo tempo em que os mantivesse no caminho do crescimento financeiro sustentável.

Enquanto os pais fechavam a reunião com Lara e combinavam os próximos passos, Alice fez um desenho da Mulher-Maravilha para presentear sua mãe. Era a imagem que ela tinha de Camila, agora ainda mais forte: uma heroína descobrindo seus poderes e usando-os para mudar o mundo ao seu redor. Camila, sensível como tende a ser alguém de alto nível em "I", ficou emocionada.

Vamos avançar agora para ver como precisamos agir nas *quatro bases* para conseguirmos um verdadeiro esforço positivo equivalente em cada uma delas, como temos falado em todo o livro. Em paralelo, acompanharemos a jornada de Camila, Daniel e Sofia nessas ações até chegar na configuração do tão esperado *sprint financeiro*, no **Capítulo 12**.

RESUMO DAS AÇÕES NO PASSO 1 (Dias 1 e 2 de 30)

- A partir do *Índice de Prosperidade Global*, avalie sua necessidade de internacionalização das finanças tendo em vista as *bases sociais* (muito baixa, baixa, moderada ou alta): recomendações práticas virão adiante para você considerar.

- Analise cada uma das *bases individuais* e veja a quais não está dando a devida atenção. Mente, corpo, relacionamentos e fé são igualmente importantes e precisam da mesma atenção de nossa parte.

- Faça o IBEFi e verifique seu resultado em pontos: ele será uma das ferramentas para medir o avanço, quando chegarmos na configuração do *sprint financeiro*.

- Faça o Teste DISC e confira seu perfil predominante, no ponto mais alto da curva: veja seus pontos fortes (e a melhorar), porque usaremos isso também em nosso *sprint financeiro*.

08.
GANHANDO MAIS (PASSO 2)

O passo 2 inaugura agora o conjunto de técnicas e estratégias em que abordaremos diretamente cada uma das *quatro bases*. Para tratar *de ganhar mais*, é preciso apresentar um mosaico formado por diversos elementos conectados. Temos indicadores que nos apontam se estamos efetivamente conseguindo *ganhar mais*, no mínimo acima da inflação, além de técnicas e ferramentas que nos ajudarão a fazer esses ganhos adicionais acontecerem ao longo do tempo.

A essa altura eu já posso revelar algo que tenho mantido guardado desde o início: você adquiriu mais do que um livro. Para além dessas páginas, você tem nas mãos o acesso a diferentes ferramentas e tutoriais, com o objetivo de formar um conjunto ainda mais útil para você.

Para facilitar esse acesso, reuni todos esses recursos complementares em um único local, on-line. Agora, você tem duas opções. A primeira, que você já tinha disponível, é acessar cada item através dos links específicos na medida em que eles vão sendo apresentados nos rodapés das páginas, tal como o IBEFi e o Índice de Prosperidade Global, com suas respectivas metodologias, além de outros recursos, como o teste DISC, as planilhas, além de tudo o mais que está por vir adiante. A novidade agora é poder entrar em https://finan.to/kit4bases e acessar um ambiente que concentra todo o kit de recursos extras, incluindo aqueles que estão no rodapé. Nesse kit, inclusive, haverá alguns itens extras que podem ser interessantes para você.

Voltando ao passo 2 neste capítulo, primeiro vamos entender como fazer o registro de todas as nossas *entradas financeiras*, um insumo importante para nosso *plano financeiro personalizado*. Também vamos conferir como usar essas informações das entradas para aferir se os rendimentos estão subindo para compensar pelo menos a inflação ao longo do tempo.

Em seguida, partiremos para as técnicas e estratégias que nos fazem buscar aumentos reais, impulsionando o *ganhar mais*. Nesse ponto, falaremos sobre *hard skills* e *soft skills*, elegendo uma de cada com poderes bastante especiais, porque elas tendem a ser alavancadoras de rendimentos para todas as profissões e ocupações possíveis, desde empreendedores até funcionários públicos, de estagiários a altos executivos, passando por autônomos e freelancers.

Encerraremos com a estratégia que pode parecer nova, mas é uma das mais antigas que existem: a internacionalização para *ganhar mais*. Muitos de nossos antepassados mudaram de país atrás de melhores condições financeiras. Em outras palavras, para *ganhar mais*. Felizmente, hoje não precisamos nos lançar em navios precários mar adentro como muitos deles fizeram. É possível internacionalizar sem sair do país de origem, conforme veremos.

O CONJUNTO DAS ENTRADAS FINANCEIRAS

Existem múltiplos tipos de *entradas financeiras* possíveis que precisamos entender para registrar aquelas pertinentes às nossas finanças. A integração delas com as *saídas financeiras* irá ficar mais clara durante os próximos passos do *método*.

Usaremos a classificação que aparece na imagem a seguir, em ordem alfabética:

FINANTOR PFP | LISTA DE CATEGORIAS (ENTRADAS FINANCEIRAS)

Rendas e salários do trabalho	
Categorias	
1	Aluguel de equipamento;
2	Aluguel de imóvel;
3	Aposentadoria e/ou pensão;
4	Benefícios do empregador;
5	Bônus e/ou PLR;
6	Comissões;
7	Doações e/ou presentes ($);
8	Empréstimos/financiamentos;
9	Herança;
10	Honorários;
11	Indenização de seguros;
12	Indenizações judiciais;
13	Juros sobre capital;
14	Lucros e dividendos (ações);
15	Lucros e dividendos (negócios);
16	Mesada;
17	Pró-labore e/ou retirada;
18	Resgate de investimentos;
19	Salário;
20	Saldo em conta (mês anterior);
21	Venda de patrimônio.

Na linha 17 estão as retiradas e pró-labores, rendimentos recorrentes comuns entre empreendedores. Na linha 19, por sua vez, está o salário, típico rendimento de empregados. São essas linhas que devem liderar o crescimento real da renda que buscamos no *ganhar mais*. Evidentemente, existem rendas complementares que podem ajudar nessa tarefa, como:

- Os itens de 1 a 7 (aluguel de equipamento, aluguel de imóvel, aposentadoria e/ou pensão, benefícios do empregador, bônus e/ou PLR, comissões, doações e/ou presentes em dinheiro);
- O item 10 (honorários), bem como aqueles do 13 ao 17 (juros sobre capital, lucros e dividendos de ações de empresas ou negócios próprios, mesada e pró-labore e/ou retirada.

São entradas que acrescentam renda, embora possam ser eventuais (não recorrentes), como os bônus ou participação em lucros. Em comum, todas essas são remunerações recebidas de terceiros como contrapartida de nosso esforço materializado em trabalho ou capital, exceto, claro, as doações, presentes e mesadas.

Todas essas remunerações (entradas) recebidas de terceiros podem entrar nas contas para saber se estamos conseguindo *ganhar mais*. No IBEFi, é com base nesses tipos de entradas financeiras consolidadas em base anual, que fazemos aquele cálculo automático para saber se a renda tem conseguido se manter acima da inflação ao longo dos últimos cinco anos.

No subgrupo de entradas ainda mais esporádicas recebidas de terceiros estão as heranças, as indenizações de seguros e as indenizações judiciais.

Já os itens 18 (resgates de investimentos) e 21 (venda de patrimônio) têm natureza diferente. Eles implicam na redução de nosso patrimônio ou reservas financeiras para destiná-los ao consumo. Evidentemente, não os usamos para medir o *ganhar mais*. Os empréstimos e financiamentos, por sua vez, junto com os saldos de contas do mês anterior, também serão entradas que vão nos ajudar nas saídas financeiras do mês, porém também não entram na contabilidade do *ganhar mais*, por motivos óbvios.

No **Capítulo 12**, do *sprint financeiro*, você terá acesso a uma tabela completa para colocar isso em prática durante a configuração de seu *plano financeiro personalizado*. Lá você poderá acessar as planilhas modelo, que estarão sempre disponíveis também em finan.to/kit4bases, com orientações ainda mais detalhadas de preenchimento.

VENCENDO OS AUMENTOS DE PREÇOS

Quando agimos com esse propósito de *ganhar mais*, pelo menos para cobrir as variações nos preços, temos que relembrar um diagnóstico feito no **Capítulo 5**. Vivemos em um mundo onde temos que lidar com a expansão artificial da oferta de dinheiro na economia, a chamada inflação, promovida pelos tesouros nacionais e pelos sistemas de crédito, com o aval dos bancos centrais.

Mesmo em países desenvolvidos, esse fenômeno é um incômodo persistente por conta do estatismo, com sua defesa do Estado grande e suas necessidades cada vez maiores de caixa. Até nos Estados Unidos, por exemplo, berço da moeda de referência mundial, sabemos que a inflação tem feito o dólar perder sistematicamente grande parte de seu valor, desde a criação do Federal Reserve (FED). Se a inflação está presente nos Estados Unidos e nos trinta demais países mais bem colocados no nosso *Global Prosperity Index* (*Índice de Prosperidade Global*), imagine a situação nos demais.

Por isso, é fundamental acompanhar de perto os índices de preços e compará-los com a evolução de sua renda. Só assim é possível saber se ela está conseguindo ganhar desses indicadores. E mais: não basta olhar apenas os índices gerais de preços. Cada pessoa tem seu próprio padrão de consumo, e é importante criar um índice de preços pessoal, baseado nos bens e serviços que você mais consome. Veja como você pode fazer isso acessando o kit 4 bases em finan.to/kit4bases.

Com a nossa ajuda, foi o que Sofia fez. Ela tinha bons reajustes nos salários que recebia da empresa em que trabalhava. Em um intervalo de cinco anos, seus reajustes tinham sido 20% superiores ao índice geral de preços. Mas quando consideramos seu índice de preços pessoal e familiar, o ganho real caiu para apenas 3%. Uma diferença significativa, que mostrou a importância de ter um controle mais detalhado sobre esse índice particular.

Essa descoberta motivou Sofia a negociar um aumento por mérito na primeira oportunidade que teve. Quem é empregado ou executivo sabe que negociar aumentos salariais individuais é difícil. Quando isso se torna necessário, as *skills* poderosas que apresentaremos aqui contam muito, porque o seu desenvolvimento nos faz não só entregar mais resultados, mas também nos permite saber usá-los bem em uma negociação.

Assim como fornecedores e compradores de produtos e serviços negociam preços de contratos, os contratados e seus contratantes, os patrões e seus empregados também devem negociar valores de salários, benefícios e bônus, além de honorários, no caso de terceiros. O melhor momento para negociar é justamente quando não estamos pressionados financeiramente para ceder, e um bom momento para prospectar um novo emprego pode ser justamente quando você está empregado. Em países que crescem abaixo do seu potencial pela ação do estatismo, gerando menos vagas do que poderia, o maior poder de negociação tende a estar com as empresas. Logo, o diferencial das *skills* que veremos ganha ainda mais importância.

Se você não pode esperar essas *skills* produzirem seu efeito, pode acionar o botão da renda extra. Foi o que Camila fez, cadastrando-se em um *marketplace* que conecta a oferta de aulas particulares dos professores com as necessidades de apoio individual por alunos, presencialmente ou pela internet. Com esse esforço um pouco maior na base do *ganhar mais*, que não vinha recebendo aquela atenção equivalente proposta pelo **Método das 4 Bases®**, nos dois primeiros meses ela conseguiu aumentar em mais de 20% os seus rendimentos mensais.

Nesse momento, foi importante para Camila combater, dentro de si mesma, uma ideia antiprosperidade recorrente em seu ambiente profissional. Na condição de professora, era comum ouvir de seus pares que "educação não é algo que se compra e vende". É algo que deve ser provido ou controlado exclusivamente pelo Estado. Uma típica ideia dos defensores do Estado grande. Portanto, segundo essa visão, os verdadeiros professores não deveriam se associar a projetos em empresas como aquela em que Camila passou a atuar.

Mas Camila estava agora ciente do seu perfil alto "I" e, portanto, de que devia prestar menos atenção à opinião dos outros sobre ela e mais no seu bem-estar e no de sua família. Além de continuar no projeto, ela ainda convenceu dois colegas a aderirem a ele.

Na psicologia positiva, existe uma máxima que talvez você já tenha ouvido falar: "Tudo que você foca, se expande". Então, talvez você ache agora que não dá para aumentar o salário, muito menos fazer renda extra. Mas o fato de você dar uma atenção maior e equivalente a cada uma das bases provocará os seus efeitos positivos de que você precisa ao longo do tempo.

As pesquisas que temos feito com nossos alunos – e diretamente com clientes via Finantor, nossa plataforma de finanças pessoais – apontam que a média geral tem sido de um aumento real, acima da inflação, de 12,5% ao ano, ao longo dos últimos cinco anos, para aqueles que adotam o *método*, dedicando uma atenção equivalente às *quatro bases*.

HARD E *SOFT SKILLS*: DUAS SUGESTÕES DE GRANDE ALCANCE

Para aqueles que não se lembram, *hard skills* são habilidades técnicas específicas, como programação de software ou conhecimento de uma língua estrangeira. Já as *soft skills* são habilidades comportamentais, como comunicação, liderança e inteligência emocional. Pense nas *hard skills* como ferramentas em uma caixa. Cada profissão tem seu conjunto de ferramentas essenciais, mas tê-las não é o suficiente para ser um profissional de sucesso. É preciso saber usá-las com maestria, e é aí que entram as *soft skills*. No mundo profissional, as *soft skills* permitem que você se comunique de maneira clara, trabalhe bem em equipe e se adapte a mudanças.

Por outro lado, a realidade é que os leitores deste livro estão nas mais diferentes profissões: desde sócios de médias e grandes empresas que assumem muitos riscos, até funcionários públicos que desfrutam de uma estabilidade muitas vezes maior. Entre esses dois polos, estão empregados, executivos, profissionais liberais, autônomos, *freelancers* e empreendedores solo ou pequenos de centenas de setores diferentes da economia. São necessárias *hard skills* que variam de acordo com o setor e a ocupação. É importante que mapeemos as cinco *hard skills* mais críticas para nossas respectivas áreas de atuação, fazendo o mesmo com as *soft skills*.

Assim, em cada *sprint financeiro* de três meses, podemos eleger uma para focar e aprimorar. Para os nossos clientes diretos e clientes de nossos alunos, esse trabalho constante, mês a mês, costuma ter um efeito parecido com os juros compostos nos investimentos.

Lembre-se das lições da história econômica: os primeiros e mais significativos resultados do uso das *quatro bases* vieram por meio da expansão do capital humano, o mais valioso de todos. São de oitenta a cem bilhões de neurônios para nos tornar bilionários de acordo com essa escala do nosso capital humano potencial. Desse ponto de vista, uma outra *hard skill* emergiu e vem ganhando imenso valor, com grande alcance e impacto transversal em todas as carreiras e profissões. É o domínio das ferramentas e aplicações da Inteligência Artificial (I.A.).

A I.A. já vem transformando a forma como trabalhamos, criando oportunidades e desafios. O melhor é que o uso e os respectivos benefícios dela no trabalho são muito acessíveis, mesmo para quem não é da área de tecnologia. Seria como se acrescentássemos uma extensão poderosa ao nosso cérebro, aumentando o potencial daqueles oitenta bilhões de neurônios.

Aqueles que dominarem as técnicas e ferramentas de I.A. estarão bem-posicionados para ter sucesso na próxima década. Podemos ganhar produtividade automatizando tarefas, tomando decisões baseadas em dados e criando soluções inovadoras para problemas complexos. Em nosso kit, acessível em finan.to/kit4bases, apresentamos links de fontes permanentes para você se manter sempre atualizado sobre inteligência artificial, já que as novidades não param.

No debate atual da I.A., se tornou frequente ouvir o seguinte prognóstico, mais ou menos com esses termos: *pelo menos a curto e médio prazos, é pouco provável que você perca seu trabalho para uma I.A., mas você pode perder para outra pessoa que domina as ferramentas de I.A.* Então, além das *hard skills* que você eleger para aprimorar, reserve sempre um espaço para continuar aprimorando as habilidades relativas à I.A.

Em nossa plataforma de finanças pessoais, por exemplo, já usamos inteligência artificial com duas grandes categorias de funcionalidades, que são cada vez mais apreciadas por clientes e profissionais certificados.

A primeira categoria é dedicada a questões financeiras gerais, com dois *copilots* – que chamamos de *coplanners*, pois são auxiliares no planejamento das finanças. Eles são capazes de responder perguntas de todos os níveis sobre o universo da economia e das finanças pessoais, especialmente aquelas que tratam dos sete componentes do planejamento financeiro: gestão financeira, gestão de riscos (seguros), gestão do crédito (empréstimos), gestão de ativos (investimentos), planejamento de objetivos (previdência e outros), planejamento sucessório e planejamento tributário, além do **Método 4 Bases®**, é claro. Um desses *coplanners* é dedicado aos clientes finais e o outro, aos profissionais de finanças.

A outra categoria é composta por outro *coplanner*, individual, em que cada família ou pessoa tem um assistente diferente e dedicado às suas finanças particulares. Juntos, eles formam um verdadeiro exército em prol do controle, do crescimento e do bem-estar financeiro. Em nossa visão, o profissional humano de finanças jamais será substituído por uma IA, mas ele certamente poderá atender mais famílias com excelência se souber lidar bem com esse novo poder.

Nenhum deles, em ambas as categorias, é de uso obrigatório, porque acreditamos que cada pessoa adota as novidades tecnológicas no seu tempo.

Mas como qualquer ferramenta poderosa, a I.A. também requer *soft skills* para ser usada de modo eficaz e ético. É preciso ter pensamento crítico para avaliar os resultados dos algoritmos, criatividade para encontrar novos usos e sensibilidade para considerar o impacto da I.A. na vida das pessoas. Isso nos leva à *soft skill* que elegemos como sendo capaz de provocar o maior impacto transversal em todas as ocupações, carreiras, áreas e profissões.

Em um mundo repleto de distrações, a capacidade de se comunicar de maneira clara e persuasiva se destaca como *soft skill* essencial, porque ela nos dá o poder de capturar um dos ativos mais valiosos hoje: a atenção das pessoas. Seja para vender uma ideia, negociar um contrato ou resolver um conflito, as habilidades de comunicação têm grande importância para se conseguir reconhecimento no trabalho e fazer mais dinheiro.

Outras *soft skills* também são muito importantes e devem ser objeto de desenvolvimento constante. A liderança, por exemplo, é a *soft skill* que permite mobilizar e inspirar pessoas em direção a um objetivo comum.

Mas para eleger algo que pudesse ser transversal a todos os setores do mercado e ocupações, usando o que temos visto em nossos inúmeros *cases* de profissionais de sucesso no *ganhar mais*, elegeríamos sem dúvida nenhuma a Inteligência Artificial como *hard skill* e a comunicação – com viés no trinômio persuasão, negociação e *storytelling* – como *soft skill*.

INTERNACIONALIZANDO PARA *GANHAR MAIS*

O próximo elemento de nosso mosaico dos ganhos tem a ver com a fraqueza nas *bases sociais impulsionadoras* que vimos no **Capítulo 5**. Apesar do nosso esforço para promover as ideias da prosperidade e combater as antiprosperidade, vimos no nosso edifício que as *bases sociais* são aquelas que estão mais distantes do nosso controle direto.

Um balanço desfavorável nas bases da *vida*, da *liberdade*, da *propriedade* e da *família* pode ter efeitos muito negativos em nossas finanças pessoais.

A internacionalização permite reduzir a dependência de um único país ou moeda, por exemplo. Com ela, você pode se beneficiar das *bases sociais* que favorecem a prosperidade, se relacionando até com mais de um país, com o objetivo de buscar os mais favoráveis em cada base. Essa saída para a internacionalização, mesmo para quem vive em países ricos, remonta à década de 1960, com o advento da teoria das bandeiras.[53] Não por coincidência, ela surge como prova daquilo que já mostramos aqui com evidências da história econômica.

Durante a Segunda Grande Guerra, os Estados tiveram a justificativa perfeita para crescer e quebrar recordes de dirigismo, intervencionismo e consumo de riqueza. A corrida armamentista continuou a dar combustível para essa expansão e o movimento *estatista* aproveitou o ambiente favorável para avançar em todo o mundo.

Então, a Teoria das Bandeiras surgiu e propôs que, para melhorar as chances de prosperar, uma pessoa deveria ter "bandeiras" – cidadania, residência, negócios, gastos, ativos etc. – em países diferentes, fugindo de impostos e controles abusivos, mesmo para aqueles cidadãos de países desenvolvidos. Assim, a pessoa não ficaria refém das mudanças políticas e

---

53 DAVIDSON, J. D.; REES-MOGG, W. **The Sovereign Individual: Mastering the Transition to the Information Age.** New York: Simon & Schuster, 1997; HILL, W.G. **The Invisible Investor.** 3. ed., [S.l.: s.n.], 2000; HILL, W.G.. **PT: A Coherent Plan for Achieving Personal and Financial Freedom.** [S.l.: s.n.] ,1992; JOHN, E. **Flag Theory: How Experienced Investors Grow Wealth in Overseas Markets.** [S.l.: s.n.] ,2018; HENDERSON, A. Nomad Capitalist [website]. Disponível em: https://nomadcapitalist.com. Acesso em: 25 out. 2023.

econômicas de um único lugar. Hoje, com a ajuda da tecnologia, ficou muito mais fácil internacionalizar a vida financeira.

Aqui estão sete princípios de internacionalização das finanças pessoais, e que podem ser considerados uma releitura da Teoria das Bandeiras de acordo com o **Método das 4 Bases®**:

1. Investir diversificando globalmente. Essa é a recomendação prioritária, de acordo com a proposta do *método*. Na medida em que suas reservas estão expostas a investimentos diferentes, localizados em jurisdições e geografias de economias desenvolvidas, com longo histórico de solidez, os riscos de perda ou ruína tendem a percentuais extremamente baixos.

2. Ter um domínio de *website* no exterior tal como os prestigiados .com, .io ou .ai, ainda que você mantenha o mesmo nome em seu país de origem. Com isso, você facilita o estabelecimento de uma plataforma para trabalho mais segura contra eventuais bloqueios.

3. Obter cidadania estrangeira em um país mais estável e desenvolvido que o seu. Isso lhe dará mais acesso a melhores oportunidades de trabalho e investimento, além de proteção contra instabilidade política e econômica no seu país de origem. Nesse aspecto, funciona como se fosse um "seguro".

4. Converter uma fração crescente de suas reservas em bitcoin, que dispensa apresentações. Aqui ele figura não com o objetivo de ser uma alternativa tradicional de investimento, mas como uma moeda blindada contra a inflação provocada pelas diferentes moedas fiduciárias de bancos centrais, até as mais fortes.

5. Obter pelo menos parte de sua renda cotada em dólar, pois ele é a referência para outras moedas consideradas fortes, como o euro, franco suíço ou libra esterlina. Com isso, você reduz o impacto da inflação local sobre sua renda, além de facilitar a contratação de serviços ou aquisição de produtos no exterior. Afinal, empresas no mundo todo fazem negócios internacionais usando o dólar.

6. Ter a alternativa de residência fiscal em um país que não tribute sua renda no exterior. Isso pode reduzir significativamente sua carga tributária e aumentar sua renda líquida disponível para gastar e poupar.

7. Ter uma empresa em seu país de residência e outra em um local com tradição de tributação reduzida. Isso lhe dará flexibilidade para estruturar seus negócios de maneira eficiente em termos tributários, aproveitando as vantagens de jurisdições amigáveis ao empreendedorismo.

8. Adquirir produtos e serviços de alto valor onde eles são menos tributados. Alguns produtos e serviços são muito mais caros em determinados países por causa da carga tributária. Ao adquirir produtos e serviços de alto valor onde são menos tributados, você pode economizar dinheiro e aumentar seu poder aquisitivo.

Cada um desses princípios traz benefícios específicos. Por exemplo, ter um domínio no exterior aumenta a credibilidade e o alcance dos negócios on-line. Comprar bitcoin protege contra a desvalorização das moedas fiduciárias, emitidas por governos. Além disso, obter uma cidadania estrangeira abre portas para oportunidades em outros países.

Mas o mais importante é que, seguindo esses princípios de internacionalização do **Método das 4 Bases®**, não é necessário se tornar um nômade digital nem mudar de país definitivamente; essas seriam opções para quem busca um estilo de vida mais livre e aventureiro. É possível internacionalizar mantendo uma base fixa, viajando apenas quando necessário ou desejado.

O objetivo da internacionalização, segundo o **Método das 4 Bases®**, é ter mais opções e flexibilidade. É poder escolher onde viver, trabalhar e investir, de acordo com seus valores e objetivos. E, acima de tudo, é crescer financeiramente de modo recorrente e mais seguro, independentemente das circunstâncias de um único país.

DANIEL E A INTERNACIONALIZAÇÃO DAS FINANÇAS SEM SAIR DO PAÍS

Já fazia alguns anos que Daniel havia identificado uma forma de melhorar sua renda disponível de maneira significativa. Converter seu contrato tradicional de empregado em um acordo de prestação de serviços para empresas de tecnologia, por meio de sua empresa individual, foi uma decisão que mudou sua vida.

Ele se lembrava bem do dia que, conversando com um amigo da área de remuneração, descobriu algo chocante para ele na época: daquilo que saía da conta da empresa para pagar um empregado registrado com o mesmo salário dele, quase 70% ficavam pelo caminho em impostos, contribuições e descontos diversos.

A maior parte dessa diferença ia direto para os cofres do governo, sempre com uma relação custo-benefício bem pior em comparação a se ele próprio estivesse contratando os serviços. Daniel sempre fora um apaixonado por tecnologia e desenvolvimento de software. Sabia que havia uma grande demanda por profissionais qualificados na área, especialmente em países mais prósperos. Com essa percepção, Daniel decidiu se dedicar intensamente aos estudos de inglês, pois sabia que a habilidade seria fundamental para acessar o mercado global. Sua dedicação e esforço valeram a pena. Antes, trabalhando no mercado interno como empregado, Daniel ganhava, em termos líquidos, menos de três vezes a renda média local. Mas após se tornar um prestador de serviços para uma empresa com sede em Israel, sua renda disparou. Em pouco tempo, ele estava ganhando mais de doze vezes essa mesma renda média, já considerando o efeito positivo do câmbio do dólar sobre a moeda nacional.

Daniel não parou por aí. Adquiriu o hábito de investir em conhecimento de maneira constante, fazendo cursos envolvendo as linguagens e tecnologias de ponta no mercado. Além disso, dedicou-se à leitura de livros sobre negociação e comunicação, habilidades essenciais para se destacar em sua área, repleta de profissionais introspectivos. Com todo esse esforço, ele fez a renda saltar de doze para cerca de 22 vezes a renda do seu país natal, dessa vez trabalhando para uma empresa com sede no Reino Unido. Boa parte do segredo do sucesso de Daniel na base do *ganhar mais* foi o investimento em *hard skills* e *soft skills* de alto valor para sua área. Isso tudo ele já tinha feito sozinho, sem o apoio do *método*. São aqueles casos em que as pessoas naturalmente desbloqueiam e usam aquilo que já está ali, na natureza humana.

Faltava agora uma dedicação equivalente às outras bases. Conosco, ele entendeu que o seu problema não estava na base do ganhar, como ele imaginava a princípio. Ganhar, na verdade, era onde ele se destacava. Mas certamente havia espaço para melhorias. Sempre há.

Daniel entendeu a importância da internacionalização após uma conversa conosco. A princípio, sua ideia era mudar de país em busca de mais segurança e previsibilidade. Mas ele percebeu que, ganhando em dólares e gastando em uma moeda que se desvaloriza bem mais que o dólar, já estava se beneficiando da internacionalização. E que, antes de uma mudança radical, ele poderia começar com um *plano financeiro personalizado*. Seguindo nossas sugestões, ele adotou medidas adicionais de internacionalização poderosas. Uma das principais delas foi preparar sua empresa para receber pagamentos em uma conta *offshore*.

Assim, mesmo mantendo sua base no país, passou a ter cada renda automaticamente mais protegida da inflação e da instabilidade local, com um arranjo tributário mais econômico. A mudança de mentalidade foi importante. Daniel entendeu que a prosperidade financeira não é um estado que se alcança de uma vez, mas uma jornada de aprendizado e crescimento contínuos. E que, para avançar nessa jornada, é preciso ter disciplina, planejamento e, acima de tudo, consistência. No próximo passo, o de *gastar bem*, tanto ele quanto Sofia e Camila, principalmente, tinham um grande desafio em seus gastos e demais saídas financeiras.

Racionalizar as saídas de dinheiro exige muito da nossa capacidade de ignorar o palhaço da *síndrome do plano*, para superar o imediatismo e adiar as gratificações em nome de objetivos maiores. Mas ao contrário das crianças de Stanford, que tiveram que improvisar e testar suas técnicas sozinhas na sala com a grande caixa, eles contariam com técnicas poderosas e validadas pela praxeologia e pelas ciências comportamentais. Vamos conferir isso no próximo capítulo.

RESUMO DAS AÇÕES NO PASSO 2 (Dia 3 de 30)

- Eleja uma *hard skill* relevante em sua área de atuação para desenvolver no primeiro *ciclo financeiro (sprint)*: ela deverá ser importante para você aumentar sua produtividade e/ou para se diferenciar, viabilizando negociar aumentos na sua renda atual ou para iniciar trabalhos complementares que também aumentem seus rendimentos. Pode ser uma nova *skill* ou algo que já domine e queira atualizar ou melhorar.

- Escolha uma *soft skill* com esse mesmo objetivo, como comunicação ou liderança: essas habilidades são cada vez mais valorizadas e podem fazer a diferença na sua jornada, seja para conquistar promoções, melhorar o seu negócio ou liderar equipes de alto desempenho.

- Continue acompanhando de perto a inflação e crie seu próprio índice pessoal:[54] ao comparar a evolução da sua renda com os aumentos nos preços, considerando o seu padrão de consumo específico, você pode identificar se está ganhando ou perdendo poder de compra ao longo do tempo, tomando as medidas necessárias para *ganhar mais*.

- Verifique se existem estratégias de internacionalização que você necessita adotar entre os princípios do método: gradualmente, você pode trabalhar uma delas a cada *sprint financeiro*. Se não tiver uma ordem de prioridade em mente, pode seguir a que está na lista dos oito itens, conforme nossa releitura da Teoria das Bandeiras.

---

54 Acesse formas de ter um índice assim em: https://finan.to/inflacao.

09.
GASTANDO BEM (PASSO 3)

No capítulo anterior, tratamos de nossas *entradas financeiras*, que nem sempre significam ganhos adicionais, pois às vezes temos que resgatar investimentos para pagar certas despesas. O mesmo ocorrerá agora com as *saídas financeiras* na base *gastar bem* do *método*. As saídas para adiar o consumo em troca de juros, tais como aquelas que fazemos para obter crescimento financeiro, não são despesas ou gastos imediatos. Elas são investimentos para custear gastos futuros.

Nossas despesas, sejam as atuais ou futuras, estão ligadas intimamente às necessidades humanas. De acordo com a economia – e com as finanças pessoais – nossas necessidades são múltiplas. São muitas alternativas possíveis. Por isso, precisamos fazer escolhas para atendê-las, usando meios que sempre serão limitados em algum grau, ainda que sejamos a pessoa mais rica do mundo.

Para falar de necessidades humanas, precisamos ativar principalmente a divisão *motivacional* do *cérebro financeiro*, pedindo o auxílio de um psicólogo chamado Abraham Maslow. Na década de 1940, o jovem Maslow estava no início de sua carreira acadêmica, mas já demonstrava uma grande curiosidade sobre o que motiva os seres humanos. Ele queria entender o que impulsiona as pessoas a agir, a buscar certas coisas antes de outras. Maslow estava convencido de que havia um padrão universal por trás das nossas escolhas e comportamentos, algo que transcendia as diferenças culturais e individuais.[55]

Com essa ideia em mente, ele começou a estudar as necessidades humanas de modo sistemático. Analisou biografias de pessoas excepcionais, observou o comportamento de primatas e refletiu sobre suas próprias

---

55 MASLOW, A. **A Theory of Human Motivation**. Hawthorne: BN Publishing, 2017.

experiências. Gradualmente, uma teoria começou a se formar em sua mente, uma teoria que organizava as necessidades humanas em uma hierarquia de prioridades.

Maslow propôs que nossas necessidades mais básicas, como comida, água e abrigo, formam o básico do que precisamos, como se fosse a base de uma pirâmide. Somente quando essas necessidades fisiológicas são atendidas, podemos nos preocupar com a segurança e a estabilidade. Depois disso, buscamos amor e pertencimento, seguidos pela estima e, finalmente, pela autorrealização.

Maslow descobriu que, em condições de escassez de recursos, o cérebro tende a priorizar as necessidades mais urgentes na base da "pirâmide". Afinal, de que adianta buscar realização pessoal se estamos com fome ou nos sentindo ameaçados. No entanto, é importante ressaltar que Maslow não estava querendo dizer que as necessidades do topo têm menos valor para os humanos. Pelo contrário, sua intenção era demonstrar que elas são apenas menos urgentes do que as necessidades básicas.

Curiosamente, a maioria dos especialistas e educadores financeiros não fazia essa distinção crucial. Eles propunham dividir nossos gastos em apenas dois grandes grupos: "necessidades e desejos" ou "obrigatórias e não obrigatórias", subdividindo-as em "fixas e variáveis" em alguns casos. Geralmente, tudo o que não era estritamente necessário para a sobrevivência era considerado um desejo supérfluo. Mas algo nessa abordagem não parecia certo para mim.

Além disso, os gastos em categorias amplas como alimentação ou transporte eram considerados iguais em toda a extensão das transações que compunham cada um. Alimentação em bares e restaurantes, por exemplo, pode servir a diversas escalas em nossa hierarquia de necessidades, assim como gastos com combustível, passagens, manutenção de veículos, táxis ou aplicativos, como o Uber. Claramente, dentro dessas categorias há uma subdivisão que precisa ser considerada na hora de cortar ou realocar despesas.

Minha busca por essa visão mais praxeológica e comportamental das finanças pessoais me levou a procurar por estudos que fizessem a ponte entre a teoria de Maslow e a distribuição das saídas financeiras, mas encontrei pouquíssimas referências. Algumas menções esparsas em blogs e um artigo de 2011 foram os primeiros indícios de que eu poderia estar no caminho certo.

No entanto, ainda faltava uma conexão mais sólida e prática entre os cinco níveis da hierarquia de Maslow e o universo financeiro. Era preciso ir além da teoria e entender como essa descoberta poderia ser aplicada no dia a dia das pessoas, ajudando-as a *gastar bem* e a se sentirem realizadas, não afastadas, do bem-estar.

OS *GRUPOS DE NECESSIDADES* SEGUNDO O *MÉTODO*

Foi então que comecei a analisar os dados de gastos e saídas financeiras de centenas de pessoas e famílias atendidas por minha base de alunos, depois que já tínhamos um conjunto relevante de dados. Eu queria entender se havia um padrão, uma proporção ideal de alocação de recursos que levasse a um maior bem-estar financeiro. Nesse sentido, é importante abrir um parênteses para destacar que Maslow nunca representou sua teoria como a imagem de uma pirâmide, isso é apenas uma estratégia de visualização aplicada aqui e nos diversos usos e adaptações dados à hierarquia das necessidades após a publicação de Maslow.

Essa representação visual pode levar a uma interpretação equivocada de que as necessidades da base são mais importantes e, portanto, merecem mais recursos. Elas são mais prioritárias e terão mais recursos na medida em que a falta de recursos impuser essa alocação maior em relação ao total. Na verdade, em uma situação em que haja renda suficiente para cobrir todas as necessidades, até o nível mais elevado da hierarquia, todos os grupos terão a mesma importância e deverão receber, em tese, uma destinação equilibrada de recursos.

Imagine, por hipótese, uma família que tenha uma renda conjunta de trinta mil unidades monetárias por mês, e que isso seja o equivalente a doze vezes a renda média do país. Ela não distribuirá proporcionalmente os gastos como se fosse uma "pirâmide", com a base – composta pelas necessidades fisiológicas de manutenção – recebendo uma alocação maior. O que tende a acontecer é um certo equilíbrio natural na distribuição, pois todos os graus da hierarquia têm valor similar para os humanos, uma vez que haja condições financeiras de atender a todos eles.

Então, supondo que trinta mil unidades de dinheiro seja uma boa renda, a base da pirâmide não receberá uma proporção da renda tão maior que o topo, na proporção da largura de cada faixa da pirâmide. Na verdade, a hierarquia de Maslow funciona como orientador de prioridades, uma dimensão *motivacional* do *cérebro financeiro* sobre o que será atendido primeiro. Quando os recursos são suficientes, não há razão para que um "degrau" receba mais recursos do que o outro.

De fato, foi o que descobrimos após muita pesquisa em cima de dados empíricos de orçamento. Para as pessoas que usavam o **Método das 4 Bases**®, as saídas financeiras tendiam a ter uma distribuição mais igualitária entre os diferentes grupos de necessidades.

Além disso, percebi que, pelo menos do ponto de vista financeiro, as necessidades apresentadas nos 3 níveis superiores da hierarquia de Maslow podiam ser divididas em apenas duas: *satisfação* e *realização*. Isso ficará mais claro quando dividirmos, na prática, as categorias de *saídas financeiras* entre os *grupos de necessidades*.

Assim, formulei uma hipótese de divisão ideal em quatro grupos de necessidades financeiras, a partir da "monetização" da hierarquia de Maslow, o que, em si, é uma decorrência do próprio conceito de necessidade. Necessidades fisiológicas, de segurança, sociais, de realização etc., salvo exceções muito pontuais, precisam ser adquiridas com dinheiro, e assim surge a possibilidade dessa monetização.

Eis os quatro grupos propostos pelo *método*:

- *Grupo 1 - Manutenção;*
- *Grupo 2 - Proteção;*
- *Grupo 3 - Satisfação;*
- *Grupo 4 - Realização.*

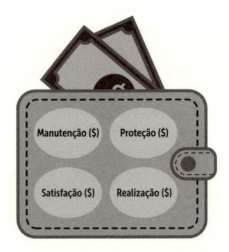

As quatro categorias podem ser representadas pela imagem de uma carteira de necessidades, na qual cada grupo representa uma parte com importância equivalente às outras em nossa vida financeira.

O grupo da *manutenção* inclui despesas com moradia, alimentação, transporte e outras necessidades básicas. O da *proteção* engloba saídas para seguros de vida, de saúde, além da formação de reservas para atender às diversas etapas da independência financeira, pois cada etapa da independência equivale a mais segurança em todos os aspectos cruciais da jornada financeira. Já a *satisfação* e a *realização* dividem, respectivamente, despesas com lazer (e similares) de um lado, e com educação, doações e outros objetivos pessoais mais elevados de outro.

DIVIDINDO CATEGORIAS E TRANSAÇÕES DENTRO DOS GRUPOS

Outra descoberta importante a partir dessas pesquisas foi que dividir nossos gastos nesses quatro *grupos de necessidades* torna o processo de gestão financeira muito mais simples e automático. Isso porque o cérebro tem uma capacidade limitada de lidar com muitas categorias simultâneas, um fenômeno conhecido como contabilidade mental. Isso ajudará a divisão *intuitiva* do *cérebro financeiro* a automatizar essa tarefa já devidamente processada sob comando da nossa divisão *racional*.

Contabilidade mental descreve a forma como as pessoas categorizam, avaliam e gerenciam seus recursos financeiros em diferentes "contas" mentais, muitas vezes de maneira irracional ou confusa. Na forma tradicional, pensam em categorias como alimentação, combustível, moradia, transporte, escola etc., sobrecarregando o cérebro e dificultando a organização das saídas com base em uma hierarquia de prioridades.

Esse padrão comum muda com os *grupos de necessidades* do **Método das 4 Bases**®.

Dentro de cada um dos grupos, temos *categorias* mais específicas que, por sua vez, englobam as transações individuais. Uma transação é cada movimentação financeira que fazemos, seja uma compra, um pagamento ou uma transferência. Já uma categoria é um conjunto de transações similares. Portanto, cada *grupo de necessidades* é formado por *categorias* que, por sua vez, reúne *transações*.

Uma mesma categoria pode aparecer em mais de um grupo de necessidades, dependendo do contexto. Por exemplo, uma certa refeição pode ser classificada como manutenção quando é uma despesa básica com alimentação, mas também pode ser uma despesa de satisfação quando é um jantar especial em um restaurante. Algumas transações, como a compra de um carro, também podem ser divididas entre diversos grupos.

Vejamos alguns exemplos nas tabelas a seguir. As indicações G1, G2, G3 e G4 que estão ao lado das categorias significa que elas podem aparecer em pelo menos um grupo de necessidades, conforme o destino das transações contidas nela, como a despesa com alimentação mencionada, que pode aparecer em manutenção ou satisfação. Se tratamos todas as transações de restaurantes em uma categoria só, como acontece normalmente na gestão financeira tradicional, fica mais difícil priorizar, realocar ou reduzir gastos. Tende a haver uma perda de bem-estar que não necessariamente precisaria acontecer.

Abaixo, em ordem alfabética, temos exemplos de algumas categorias para os grupos de *Manutenção* (M) e *Proteção* (P), em ordem alfabética:

Grupo_1_M	Grupo_2_P
Água e esgoto [G1] [G3]	Créditos diversos e dívidas [G1] [G2] [G3] [G4]
Aluguel e/ou financiamento (Veículo) [G1] [G3]	Despesas diversas (imóveis para aluguel) [G2]
Aluguel e/ou financiamento (Moradia) [G1]	Independência financeira 1 (Salário/nível 1) [G2]
Bares e/ou restaurantes [G1] [G3] [G4]	Independência financeira 2 (Emergência/nível 2) [G2]
Celular (conta e/ou aparelho) [G1]	Independência financeira 3 (Trabalho/nível 3) [G2]
Combustível [G1] [G3] [G4]	Independência financeira 4 (Previdência/nível 4) [G2]
Computador e complementos [G1] [G3] [G4]	Outras saídas [G1] [G2] [G3] [G4]
Condomínio [G1] [G3]	Pensão [G1] [G2] [G3] [G4]
Cortes de cabelo e/ou cuidados básicos [G1]	Seguro de vida [G2]
Créditos diversos e dívidas [G1] [G2] [G3] [G4]	Seguro/Plano de saúde [G2]

O grupo de *proteção* merece uma atenção especial, pois é nele que concentramos nossos gastos com seguros pessoais, de vida e saúde, por exemplo, além da construção do nosso patrimônio nas diferentes etapas da independência financeira. Buscar a proteção adequada para nós mesmos e para a nossa família é um dos pilares de um bom planejamento financeiro.

Também é fundamental destacar que as *saídas financeiras* para outros investimentos devem estar associadas ao seu respectivo *grupo de necessidades*, seja para objetivos de satisfação (como uma viagem dos sonhos) ou de realização (como a abertura de um negócio próprio). Por falar neles, abaixo estão exemplos de categorias considerando os grupos de *Satisfação* (S) e *Realização* (R):

Grupo_3_S	Grupo_4_R
Academia e/ou esportes [G3]	Combustível [G1] [G3] [G4]
Água e esgoto [G1] [G3]	Créditos diversos e dívidas [G1] [G2] [G3] [G4]
Aluguel e/ou financiamento (Veículo lazer) [G1] [G3]	Computador e complementos [G1] [G3] [G4]
Aluguel e/ou financiamento (Imóvel lazer) [G1]	Cursos [G4]
Bares e/ou restaurantes [G1] [G3] [G4]	Dízimo [G4]
Cinema e/ou teatro e/ou shows [G3]	Doações [G4]
Combustível [G1] [G3] [G4]	Escola [G4]
Computador e complementos [G1] [G3] [G4]	Estacionamento [G1] [G3] [G4]
Condomínio [G1] [G3]	Faculdade [G4]
Créditos diversos e dívidas [G1] [G2] [G3] [G4]	Fundos para despesas anuais [G1] [G3] [G4]

Você encontrará essa ferramenta completa para classificação de suas transações nas diversas categorias e grupos dentro do nosso kit em https://finan.to/kit4bases. Instruções ainda mais detalhadas de uso estarão disponíveis lá.

O PRIMEIRO ESFORÇO PARA A REALOCAÇÃO E/OU REDUÇÃO DE SAÍDAS FINANCEIRAS

Se todos os grupos de necessidades são igualmente importantes, dado um padrão de renda mínimo e suficiente para custear todos os quatro, então faz sentido buscar um equilíbrio na alocação dos nossos recursos financeiros entre eles. Claro que esse equilíbrio pode variar de pessoa para pessoa e ao longo do tempo, mas um bom ponto de partida é destinar cerca de 25% das nossas *saídas financeiras* para cada grupo.

Esse percentual de 25% é uma referência, um norte para nos guiar em direção a um maior bem-estar financeiro. No entanto, sabemos que nem sempre é possível ou desejável seguir essa proporção à risca. Pode ser que estejamos passando por um momento de vida no qual precisemos concentrar mais recursos no grupo da *manutenção*. Ou talvez queiramos acelerar determinado objetivo futuro associado a algum *grupo de necessidades*.

Para nos ajudar a identificar essas distorções e oportunidades de realocação de gastos, podemos contar com duas ferramentas no *método*: a divisão dos *grupos de necessidades*, sobre a qual falamos até o momento, e o *indicador BIT*, que abordaremos agora e leva em conta a lei da utilidade marginal decrescente, uma das maiores descobertas da história do pensamento econômico.

A lei da utilidade marginal decrescente postula que o prazer ou benefício adicional que obtemos de um produto, bem ou serviço diminui à medida que consumimos mais unidades desse mesmo produto, bem ou serviço.[56] Por exemplo, o primeiro pedaço de bolo que comemos é incrivelmente saboroso, o segundo ainda é gostoso, mas o décimo pedaço já não nos dá tanto prazer assim. Essa lei se aplica a praticamente todos os tipos de gastos e explica por que uma alocação equilibrada de recursos entre os diferentes *grupos de necessidades* tende a gerar um maior bem-estar.

Concentrar todos os recursos em apenas uma ou duas categorias, por mais prazerosas que sejam, inevitavelmente levará a uma queda na satisfação global. É aí que entra o *indicador BIT* (*Benefício, Impacto e Transações*), que nos ajuda a avaliar o real valor de uma escolha financeira, levando em conta não apenas o benefício individual, mas também o impacto sobre as pessoas próximas a nós e a quantidade de transações envolvidas. Ele é calculado para cada categoria de transações associada aos diferentes *grupos de necessidades*.

A fórmula do *indicador BIT* envolve as seguintes variáveis:

---

56 KENTON, W. The Law of Diminishing Marginal Utility: How it Works, With Examples. **Investopedia**, 4 maio 2024. Disponível em: https://www.investopedia.com/terms/l/lawofdiminishingutility.asp. Acesso em: 24 maio 2024.

- B: *Benefício* – avaliação pessoal e subjetiva de quanto aquela categoria retorna de benefício médio para você naquele momento, em uma escala de 1 a 10.
- I: *Impacto* – quantidade de pessoas beneficiadas no seu círculo familiar e social próximo por aquela categoria, sem uma escala definida, variando conforme essa quantidade de beneficiados. Na configuração atual das famílias, dificilmente ultrapassa 10.
- T: *Transações* – quantidade de transações que aquela categoria tem no mês.
- E o P, que é um fator de Ponderação que depende do peso do grupo de necessidades a qual a categoria pertence.

A *manutenção* tem um peso maior que *proteção*. A *proteção*, por sua vez, tem um peso maior que *satisfação*. E a *satisfação* tem um peso maior que *realização*. É importante lembrarmos, mais uma vez, que esses pesos têm o objetivo de tornar mais fácil e automático priorizar ou realocar saídas financeiras. Eles não expressam uma maior importância de um grupo ou outro, apenas uma ordem de prioridade. Obedecendo essa lógica, temos os seguintes pesos (P):

- Grupo 1 - Manutenção: peso 2,5
- Grupo 2 - Proteção: peso 2,0
- Grupo 3 - Satisfação: peso 1,5
- Grupo 4 - Realização: peso 1,0

É importante destacar que o *indicador BIT* só faz sentido para avaliar categorias de transações envolvendo gastos já executados, de modo a reduzi-los de maneira gradual, com nenhuma ou pouca perda de bem-estar. Não faz sentido usá-lo para avaliar objetivos financeiros futuros ou o pagamento de dívidas.

Se estamos avaliando a categoria cursos, por exemplo, que está no Grupo 4, posso atribuir um *benefício* médio de 8 (pois percebo que são cursos úteis em que espero estar me capacitando para *ganhar mais*) e um *impacto* de 1 (pois sou o único beneficiado pelo conhecimento e ainda não sei se ele efetivamente impactará meus ganhos).

Contudo, se eu tiver comprado 12 cursos on-line de uma vez, como fez Daniel, terei um *indicador BIT* muito baixo, revelando a grande queda de utilidade/benefício total, com um total de 12 *transações*. Como o peso (P) do Grupo 4 é igual a 1 (grupo onde está localizada a categoria cursos), o *BIT* seria [(**B x I**) / **T**] **x P**, com o seguinte resultado: [(8 x 1) / 12] x 1 = **0,7**.

Indicadores BIT menores, especialmente abaixo de 1, como esse, revelam categorias muito elegíveis para uma redução gradual durante o *sprint*. Foi o que sugerimos a Daniel. Por sorte, ele havia pagado a maior parte à vista ou em poucas parcelas. Então foi possível reduzir esses gastos nos meses seguintes, pois ele já tinha em mente comprar outros cursos! Caso tivesse feito compras parceladas, essa redução talvez tivesse que ficar para um *sprint* seguinte, dados os gastos já contratados através das parcelas do cartão. De fato, compras parceladas não são vedadas no *método*, especialmente em categorias que podem alavancar o *ganhar mais*. Contudo, muitas compras parceladas acabam engessando escolhas futuras.

Assim, o *indicador BIT* se mostra útil pra decidir de onde retirar recursos que serão alocados em categorias de grupos importantes que estejam carentes deles. Ele nos sinaliza onde cortar, com a renúncia de pouco ou nada em nosso bem-estar total. Lembre mais uma vez o caso de Daniel, que solicitava serviços de entrega de restaurantes com muita frequência, o que certamente acarretará um *indicador BIT* recomendando cortes nessa *categoria*.

Vendo a distribuição das saídas financeiras de Daniel, notamos que o *indicador BIT* se mostrou pequeno nela, de fato sinalizando uma *categoria* altamente elegível para uma realocação gradual e estratégica, porque esses ajustes não devem ser feitos de uma vez. O gradualismo é sempre melhor, quando possível, para prevenir desconforto, mesmo em itens com benefícios adicionais (ou utilidade marginal) já bastante reduzidos por eventuais excessos. Como veremos na prática, em cada *sprint* vamos reduzindo da forma mais gradual possível para minimizar esse desconforto. Em média, usamos por padrão uma redução mensal de 10% no Grupo 1, que é mais urgente, indo até 25%, em média, no Grupo 4. Reduzindo as saídas financeiras nessas categorias com *BIT* pequeno, abrimos espaço para transferências para as categorias importantes onde não estamos alocando nada ou para aquelas que demandam mais atenção financeira.

Ao usar o *indicador BIT* em conjunto com os 4 *grupos de necessidades*, podemos tomar decisões de consumo mais alinhadas com nossos valores e prioridades, evitando gastos excessivos em categorias de baixo impacto e benefício menos duradouro. É uma forma de trazer mais consciência e equilíbrio para nossa vida financeira. E o melhor: harmonizando a divisão motivacional do nosso cérebro financeiro. O objetivo não é criar uma camisa de força orçamentária, mas automatizar algumas decisões que lhe protejam da *síndrome do plano*.

Para ilustrar, vamos fazer uma análise das saídas financeiras do Daniel, com base na qual vamos examinar onde ele estaria errando, considerando o histórico dos problemas que ele nos apresentou. Esse primeiro bloco é composto pelas saídas do grupo de manutenção. Temos ali as categorias apenas com as transações pertinentes a esse grupo. O mês de referência pode ser tanto o das saídas efetivadas no mês anterior ao início do *sprint* como uma média dos últimos três meses. A primeira opção é mais comum. Nesse caso, classificamos o mês de dezembro:

SAÍDAS

	Grupo 1 | Manutenção	BIT	dez/xx Referência
4	Bares e/ou restaurantes [G1] [G3] [G4]	7,1	175,69
5	Celular (conta e/ou aparelho) [G1]	10,0	64,48
7	Computador e complementos [G1] [G3] [G4]	40,0	45,00
9	Cortes de cabelo e/ou cuidados básicos [G1]	10,0	70,00
11	Delivery de comida e/ou bebidas [G1] [G3]	0,9	2.711,00
13	Diarista [G1] [G3]	2,2	1.800,00
	Fundo para objetivos de curto prazo [G1] [G3] [G4]	N/A	0,00
	Fundo para objetivos de médio prazo [G1] [G3] [G4]	N/A	0,00
	Fundo para objetivos de longo prazo [G1] [G3] [G4]	N/A	0,00
31	Pensão [G1] [G2] [G3] [G4]	20,0	2.025,00
37	Supermercado e/ou similares [G1]	0,7	1.372,00
	Total Grupo 1 ($)		**8.263,17**
	Total Grupo 1 (%)		28,6%

No caso da pensão que Daniel paga ao filho, nossa recomendação foi de uma divisão do valor por 4, tendo em vista que eles servem a todos os aspectos da vida da criança: *manutenção, proteção, satisfação* e *realização*. Essa é a nossa recomendação padrão para esse tipo de categoria. No grupo da *manutenção*, a pensão serviria para o custeio de alimentos, roupas, remédios e consultas, por exemplo.

Na *proteção*, fica o apoio ao plano de saúde. Como a criança requer menos gastos de proteção, já que a proteção vem dos pais, recomendamos a alocação de um valor menor da pensão nesse grupo, abrindo espaço para que Daniel se protegesse mais, já que ele é fundamental no provimento financeiro do filho. Na *satisfação*, por sua vez, estão despesas de lazer. E, por fim, na *realização*, o apoio na escola particular, nas atividades esportivas e no material didático.

Em casos de pessoas com rendas menores, podemos recomendar também a alocação em um ou dois grupos apenas, a depender de cada caso. Alguns clientes gostam de individualizar os gastos de cada grupo, inserindo os valores exatos, mas achamos ser mais simples essa divisão linear. Se uma redução ou aumento na pensão ocorre, o movimento para baixo ou para cima também é linear. O *indicador BIT* da pensão é sempre muito alto, como fica demonstrado na imagem. No caso de Daniel, o Grupo 1 inteiro consome 28,6% de sua renda, algo não muito longe da média de referência (25%), embora haja espaço para realocações onde os *indicadores BIT* são baixos, principalmente onde são menores que 1, nas categorias de "Delivery" e "Supermercados".

Já o grupo da proteção é onde Daniel revela os motivos de sua condição de *estagnação* que detectamos no **Capítulo 2** por meio do IBEFi. Ele destinou apenas 6,4% de sua renda a esse grupo. Claro que, para todos nós, em certos meses podem ocorrer distorções desse tipo. Mas isso não é desejável quando acontece com a frequência que vinha acontecendo com o Daniel.

Grupo 2 | Proteção		BIT	dez/xx Referência
2	Indep. Financ. 1 (Salário/nível 1) [G2]	N/A	0,00
3	Indep. Financ. 2 (Emergência/nível 2) [G2]	N/A	0,00
4	Indep. Financ. 3 (Trabalho/nível 3) [G2]	N/A	0,00
5	Indep. Financ. 4 (Previdência/nível 4) [G2]	N/A	0,00
6	Pensão [G1] [G2] [G3] [G4]	15,0	675,00
7	Seguro de vida [G2]	-	0,00
8	Seguro/Plano de saúde [G2]	6,0	1.175,24
	Total Grupo 2 ($)		1.850,24
	Total Grupo 2 (%)		6,4%

Note que nesse grupo 2, da *proteção*, os objetivos futuros são bastante específicos e ligados à conquista das diversas etapas da independência financeira. É a independência financeira gradual, junto com os seguros de vida e de saúde, que garantem a nossa proteção ao longo do tempo. Para os demais grupos de necessidades (1, 3 e 4), os objetivos futuros são representados por **fundos para os objetivos de curto, médio e longo prazos**.

Em nossos guias PFP do *sprint financeiro*, as categorias de gastos não usadas ficam ocultas, inclusive as referentes aos pagamentos de dívidas relacionadas a cada grupo. Porém, deixamos sempre em evidência os objetivos financeiros para lembrar a sua importância. Isso ajuda a desviar o olhar do palhaço da *síndrome do plano* e colocar a nossa divisão *racional* do *cérebro financeiro* ainda mais firme no volante das finanças.

No grupo da *satisfação*, a seguir, Daniel apresenta um padrão razoável, ainda que haja um ponto de atenção na categoria "Presentes", em que o *indicador BIT* é inferior a 1. Isso pode ser extensivo também às categorias de "Delivery" e "Táxi", em que o indicador também é baixo. Há espaço para reduzir transações com pouca ou nenhuma perda de bem-estar.

Grupo 3 | Satisfação		BIT	dez/xx Referência
1	Academia e/ou esportes [G3]	5,8	725,41
11	Delivery de comida e/ou bebida [G1] [G3]	1,0	476,93
	Fundo para objetivos de curto prazo [G1] [G3] [G4]	N/A	0,00
	Fundo para objetivos de médio prazo [G1] [G3] [G4]	N/A	0,00
	Fundo para objetivos de longo prazo [G1] [G3] [G4]	N/A	0,00
19	Hospedagens [G3]	11,5	200,91
28	Outras saídas [G1] [G3] [G4]	4,6	27,00
31	Passagem aérea [G3] [G4]	4,6	349,28
32	Pensão [G1] [G2] [G3] [G4]	11,5	2.025,00
33	Cuidados pessoais [G3]	5,2	110,33
36	Presentes [G3]	0,8	2.750,27
41	Streaming e/ou apps e/ou livros (lazer) [G3]	4,4	75,70
42	Táxi e/ou Uber [G1] [G3] [G4]	1,0	129,25
	Total Grupo 3 ($)		**6.870,08**
	Total Grupo 3 (%)		23,8%

Mas é no grupo da *realização* que ocorre a distorção maior, no caso de Daniel, ao contrário até do que imaginávamos a princípio. "Delivery" nos *grupos* 1 e 3 apresenta espaços para melhora, mas as categorias de "Cursos" e "Negócio próprio" devem ser o foco dos maiores ajustes, pelo menos nesses primeiros ciclos. Daniel tinha enorme sucesso na base do *ganhar mais* justamente por investir em seu desenvolvimento profissional, mas parece que vinha adquirindo cursos em excesso, um fenômeno que atinge muitas pessoas nessa área de aquisição fácil de cursos on-line. Além disso, Daniel nos revelou algo que não sabíamos: vinha desenvolvendo o protótipo de um aplicativo que poderia vir a ser um negócio em algum momento. Nesse sentido, apenas os itens pré-operacionais desse eventual negócio já estavam consumindo muito de sua renda total. Quando temos um negócio já em funcionamento, devemos sempre separar completamente as finanças da empresa das pessoais. Mas, se estamos desenvolvendo um novo negócio, ainda em modo pré-operacional, como no caso do Daniel, podemos considerar seus gastos no grupo 4.

Grupo 4 | Realização		BIT	dez/xx Referência
2	Créditos diversos e dívidas [G1] [G2] [G3] [G4]	N/A	1.774,46
3	Computador e complementos [G1] [G3] [G4]	5,0	609,79
4	Cursos [G4]	0,7	3.653,05
6	Doações [G4]	1,4	1.464,15
	Fundo para objetivos de curto prazo [G1] [G3] [G4]	N/A	0,00
	Fundo para objetivos de médio prazo [G1] [G3] [G4]	N/A	0,00
	Fundo para objetivos de longo prazo [G1] [G3] [G4]	N/A	0,00
11	Periódicos informativos [G4]	1,4	106,70
13	Livros [G4]	2,3	47,00
17	Negócio próprio (Pré-Operac.) [G4]	0,2	2.204,68
22	Pensão [G1] [G2] [G3] [G4]	10,0	2.025,00
27	Streaming e/ou apps educacionais [G4]	8,0	29,50
	Total Grupo 4 ($)		11.914,33
	Total Grupo 4 (%)		41,2%

Isso levava o total de seu grupo 4, da *realização*, para 41,2% de sua renda total. Um grupo altamente elegível para iniciar um ajuste planejado e gradual. Por falta de espaço neste livro, as histórias com a evolução passo a passo dos nossos heróis, a partir dos dossiês deles, podem ser encontradas em https://finan.to/kit4bases. Aqui no livro, em cada passo, estamos buscando utilizar os trechos mais didáticos a partir da seleção entre os relatórios dos três.

O SEGUNDO ESFORÇO PARA REALOCAÇÃO OU REDUÇÃO DE SAÍDAS FINANCEIRAS

O primeiro esforço que acabamos de ver é mais lógico e racional. Buscamos harmonizar as divisões *motivacionais* e *comportamentais* com a *racional*, em nosso *cérebro financeiro*. A *síndrome do plano* tende a provocar essas distorções mesmo. Portanto, é preciso colocar a *razão* no volante, usando uma técnica objetiva como *o indicador BIT*.

A divisão *instintiva* do nosso *cérebro financeiro* oferece centenas de atalhos positivos e úteis para aliviar a sobrecarga provocada pela nossa divisão *racional*. Pessoas que usam o *método* após alguns meses, fazendo *sprints* e planos financeiros sucessivos, passam a usá-lo de modo cada vez mais eficiente. No entanto, temos que sempre nos manter vigilantes para que esses atalhos positivos (heurísticas) não se transformem em atalhos promovidos pela *síndrome do plano*, os chamados vieses ou erros cognitivos. Caso contrário, um erro de julgamento comum pode ocorrer:

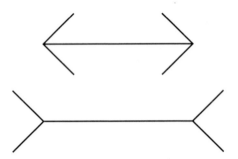

Qual linha horizontal é maior? Com treino e um pouco mais de atenção, conseguiremos perceber que ambas possuem o mesmo tamanho. Se não, tenderemos a responder de imediato que a segunda é maior, pela ilusão provocada pelas setas invertidas nas pontas. Com o uso sistemático do *método*, tais erros (vieses) vão se tornando cada vez menos frequentes, pelo menos nas finanças.

Contudo, neste momento, em que estamos percorrendo pela primeira vez os passos do *método*, algumas ações nos ajudam a resolver dificuldades com o *gastar bem* de maneira preventiva. São técnicas que harmonizam nossa dimensão *intuitiva* (e mais emocional) com a divisão *racional* na hora de tomar decisões financeiras envolvendo gastos. Caso contrário, pode acontecer como no caso dos cursos em exagero adquiridos por Daniel, ou dos presentes acima do orçamento para a filha, no caso de Camila.

A publicidade e o marketing usam e abusam de estratégias muito eficazes para nos conduzir até uma decisão de compra. Isso é positivo e faz parte do jogo de uma economia livre e próspera. Todos nós, quando buscamos "vender nosso peixe" tendemos a usar esses gatilhos ou atalhos persuasivos com os compradores daquilo que temos para oferecer. Mas precisamos estar devidamente instruídos para não cometer excessos.

Então, para concluir esse passo do *método*, vamos examinar os gatilhos e atalhos mais comuns, para aprender a identificá-los preventivamente, parando para pensar duas ou mais vezes quando alguém estiver tentando usá-los conosco. Essa é a melhor estratégia para recolocar a *razão* no volante, harmonizando-a com a nossa divisão *intuitiva*, mais emocional e automática.

Robert Cialdini, em seu livro *As armas da persuasão*,[57] identifica seis princípios fundamentais capazes de influenciar a conduta humana e são amplamente utilizados em publicidade e marketing. Esses princípios atuam como gatilhos psicológicos que facilitam a tomada de decisão e podem ser explorados para conduzir o comportamento do consumidor. A seguir, apresentamos cada um deles, além de como podemos identificar e nos proteger contra estas estratégias.

Note como esses gatilhos apresentam dois lados. Todos podem ser úteis e benéficos para nosso processo decisório. São heurísticas que acompanham os humanos, muitas desde os primórdios da nossa existência. Sem reciprocidade, por exemplo, o desenvolvimento das trocas e da cooperação na economia seria inviável. Mas, do outro lado da moeda, esse vieses podem nos induzir sistematicamente a tomar decisões desfavoráveis para a base do *gastar bem*.

1. **Reciprocidade**

    Princípio: As pessoas tendem a devolver favores. Se alguém faz algo por nós, sentimo-nos obrigados a retribuir.

    • **Exemplo na publicidade:** ofertas de amostras grátis ou brindes.

    • **Como prevenir:** reconhecer a oferta como uma estratégia e não se sentir obrigado a retribuir imediatamente se isso não for do seu interesse.

---

57 CIALDINI, R. **As armas da persuasão**. Rio de Janeiro: Sextante, 2012.

2. **Compromisso e coerência**

    Princípio: uma vez que as pessoas assumem um compromisso, elas tendem a agir de maneira consistente com esse compromisso.

    - **Exemplo na publicidade:** campanhas que incentivam assinaturas ou a participação em eventos.

    - **Como prevenir:** monitorar nosso desejo de ser coerente e avaliar se o compromisso inicial realmente se alinha com os nossos interesses e valores antes de seguir adiante.

3. **Aprovação social**

    Princípio: As pessoas tendem a seguir o comportamento da maioria.

    - **Exemplo na publicidade:** ações que enfatizam a popularidade de um produto, como "líder de vendas" ou "mais recomendado".

    - **Como prevenir:** avaliar criticamente se a popularidade alegada é baseada em dados reais e considerar se a opção é realmente a melhor para suas necessidades pessoais. Não se deixar impressionar por listas com depoimentos de clientes.

4. **Afinidade**

    Princípio: as pessoas são mais influenciadas por aqueles de quem gostam.

    - **Exemplo na publicidade:** uso de celebridades ou figuras simpáticas para promover produtos.

    - **Como prevenir:** distinguir entre a simpatia pela figura empregada na publicidade e a real utilidade ou qualidade do produto.

5. **Autoridade**

    Princípio: As pessoas tendem a obedecer a figuras de autoridade.

    - **Exemplo na publicidade:** uso de especialistas, médicos ou cientistas para endossar produtos.

    - **Como prevenir:** verificar a credibilidade e as credenciais das figuras utilizadas e analisar os argumentos apresentados independentemente da autoridade alegada.

6. **Escassez**

   Princípio: a percepção de que algo é escasso aumenta seu valor aparente.

   - **Exemplo na publicidade:** promoções limitadas por tempo ou quantidade ("últimas unidades" ou "oferta por tempo limitado").
   - **Como prevenir:** avaliar racionalmente a necessidade e o valor do produto, sem se deixar levar pela urgência (potencialmente) artificial criada pela oferta.

Conforme antecipamos, para recolocar a *razão* no controle é preciso fazer a identificação preventiva desses princípios e gatilhos. Isso exige autoconhecimento e uma visão naturalmente crítica ao processar ofertas e mensagens publicitárias. É como se a nossa divisão *racional* colocasse um filtro nas demais divisões, sobretudo na intuitiva:

i. **Educação e conscientização:** estar ciente de que esses princípios existem e compreender como são utilizados já é um grande passo.

ii. **Tempo de reflexão:** se uma oferta nos faz sentir pressionados a tomar uma decisão rápida, é um sinal para parar e pensar. A criação de uma pausa deliberada antes de tomar uma decisão de compra pode neutralizar a urgência artificial criada pelos marqueteiros.

iii. **Avaliação racional:** sempre que possível, substituir a resposta emocional pela análise racional. Pergunte a si mesmo: "Eu preciso mesmo disso? Esse produto ou serviço vale o preço pedido?".

iv. **Desenvolvimento de ceticismo saudável:** manter um ceticismo saudável em relação a campanhas publicitárias, especialmente aqueles que apelam para a autoridade ou popularidade.

v. **Boicote e confronto:** em situações em que a manipulação é evidente e exploratória, medidas mais proativas como o boicote e a comunicação direta com o fornecedor podem ser eficazes.

Agora que estamos devidamente equipados para atuar nas bases do *ganhar mais* e *gastar bem*, veremos como a ação de poupar merece atenção equivalente. O esforço de poupar requer técnicas distintas da ação de investir, e é isso que veremos agora.

E lembre-se: tudo será integrado quando fizermos o *sprint* a partir de seu *plano financeiro personalizado*, no **Capítulo 12**.

RESUMO DAS AÇÕES NO PASSO 3 (Dias 4 e 5 de 30)

- Classifique suas principais categorias de gastos de acordo com os quatro grupos de necessidades (manutenção, proteção, satisfação e realização). Tenha em mente que uma categoria de mesmo nome pode estar em mais de um grupo de necessidades, agrupando transações diferentes em cada grupo, em termos de objetivos dentro da hierarquia de necessidades.

- Identifique oportunidades de aumentar seus gastos em categorias que estejam subtendidas, especialmente nos grupos de proteção e realização. Lembre-se de que investir no seu futuro é tão importante quanto viver bem no presente.

- Antes de decidir por uma redução ou realocação de gastos em alguma categoria de saídas (dentro de um dos quatro grupos de necessidades), use o *indicador BIT* para avaliar se ela é realmente a prioridade. Mas não se esqueça de levar em conta também o contexto e a necessidade atendida por cada opção.

- Estabeleça um ritual periódico (semanal, quinzenal ou mensal) para revisar seus gastos e avaliar se eles estão alinhados com suas necessidades e prioridades. Fazer ajustes e realocações faz parte do processo de amadurecimento financeiro.

10.
POUPANDO CERTO (PASSO 4)

Segundo Sofia nos relatou, ela estava arrumando as gavetas em um final de semana, quando encontrou um velho cofrinho em forma de porquinho. Um achado do seu tempo de pré-adolescência. Ao chacoalhá-lo, ouviu o barulho das moedas. Então, quebrou o porquinho e se surpreendeu ao encontrar uma pequena fortuna em moedas e notas antigas.

Naquele momento, ela se deu conta de que sempre gostou de guardar dinheiro. Claro, guardar dinheiro em um cofrinho não era a estratégia mais sofisticada, mas o hábito de separar uma parte do que ganhava para o futuro havia sido plantado ali. Agora, como adulta, Sofia sabia que precisava ir além do cofrinho e aprender a poupar de modo inteligente e alinhado com seus objetivos.

Poupar é uma das bases essenciais para construir uma vida financeira sólida e equilibrada. No entanto, não basta simplesmente guardar dinheiro de maneira aleatória. É preciso *poupar certo*, ou seja, calibrar com a maior precisão possível os recursos a serem salvos para consumo futuro, evitando que se poupe demais ou, pior, poupe-se de menos.

Quando poupamos certo, criamos um reservatório financeiro que nos permite enfrentar imprevistos, realizar sonhos e avançar nas etapas da independência financeira. Mas, para chegar lá, é fundamental entender a diferença entre poupar e investir, definir objetivos claros e fazer escolhas conscientes entre presente e futuro.

DOIS LADOS DA EQUAÇÃO

Poupar e investir são dois verbos que costumam andar juntos quando o assunto é finanças pessoais. No entanto, embora complementares, exigem habilidades e mentalidades distintas. Poupar é o ato de separar uma parte da renda para consumo futuro, renunciando a satisfações imediatas em prol de objetivos de curto, médio e longo prazo. É uma escolha que envolve disciplina, planejamento e controle dos impulsos de consumo.

Já investir é dar um passo adiante e fazer com que o dinheiro poupado renda juros e gere retornos, multiplicando reservas e patrimônio ao longo do tempo. Investir exige conhecimento de produtos financeiros, análise de riscos e uma visão estratégica de alocação de recursos.

Antes de pensar em investir, portanto, é preciso automatizar o hábito de poupar. E para *poupar certo*, o requisito fundamental é a capacidade de definir objetivos, bem como seu prazo e valor futuro, para projetarmos os recursos que devemos reservar ao longo do tempo. Esses objetivos podem ser divididos em dois grandes conjuntos:

- **Objetivos relacionados ao** *grupo de necessidades* **da** *proteção*: visam atingir gradualmente as etapas de independência financeira, desde a mais básica até aquela conhecida como aposentadoria ou independência definitiva em relação ao trabalho.
- **Objetivos contidos nos demais** *grupos de necessidades*: manutenção, *satisfação* e *realização*. Aqui entram metas como comprar a casa própria, fazer a viagem dos sonhos ou abrir um negócio.

ETAPAS DA INDEPENDÊNCIA FINANCEIRA

Conquistar a independência financeira é mais do que um luxo ou status, é uma necessidade protetiva acima de tudo. Mas essa conquista não acontece de uma hora para outra – para alcançá-la, devemos seguir etapas graduais, como em qualquer objetivo grande.

Com base em todos esses anos de coletas de dados, além de interações com clientes e profissionais de finanças, existe um grupo de etapas importantes que se destaca. É claro que você ou sua família podem fixar outros "marcos" de cobertura e proteção. Contudo, a primeira renda adicional acumulada e a reserva mais ampla contra imprevistos são prioritárias.

A primeira renda quebra o ciclo negativo de viver de salário em salário, ao mesmo tempo que nos sinaliza que conseguimos poupar. Além da óbvia etapa da "aposentadoria", que é o último degrau da independência, quando não dependemos mais da renda do trabalho, temos um penúltimo de grande valor, que é apontado em todas as nossas pesquisas: a independência suficiente para trocar de emprego ou ajustar o foco da carreira, quando isso se faz necessário. Cada vez mais, carreiras inteiras podem desaparecer ou se transformar em poucos anos, junto com empresas e setores inteiros da economia.

Portanto, cada etapa da independência financeira representa uma conquista importante e exige um montante específico de reservas:

- *Independência financeira nível 1 (Renda)*: ter o equivalente a uma renda mensal em reserva, para não depender do próximo salário ou faturamento.
- *Independência financeira nível 2 (Imprevistos)*: ter de 6 a 12 rendas mensais guardadas, para lidar com emergências e imprevistos não cobertos por seguros.

- *Independência financeira nível 3 (Atual emprego ou ocupação)*: acumular cerca de 18 rendas mensais, o que permite uma pausa ou transição de carreira sem comprometer o padrão de vida.
- *Independência financeira nível 4 (Definitiva em relação ao trabalho, conhecida também como aposentadoria)*: Atingir o montante de 300 rendas mensais ou mais, com uma idade entre 60 e 65 anos, pelo menos, para viver de renda passiva.

É importante fixar esses múltiplos de rendas mensais de acordo com o valor da renda mais recente, pois é ela que define o padrão de vida atual. Assim, a cada aumento de renda, as metas de reserva também devem ser atualizadas.

Poupar para a independência financeira e para a realização de sonhos envolve fazer escolhas entre presente e futuro. É renunciar a satisfações imediatas em prol de recompensas maiores no porvir.

Esse tipo de escolha está no âmago de colocar a divisão *racional* do *cérebro financeiro* no comando quando montamos nosso *plano financeiro personalizado*. Assim, não precisamos pensar muito a cada mês dos diferentes *sprints* (ciclos) financeiros, pois já teremos um roteiro definido.

Claro que a *síndrome do plano* estará sempre nos pressionando a ceder aos impulsos de consumo imediato. Mas com as ferramentas certas obtidas aqui nesses passos do *método*, com um *plano financeiro personalizado* que teremos, podemos vencê-la e fazer as escolhas corretas.

FAZENDO UM RESET NOS SEUS OBJETIVOS

No mundo empresarial, uma técnica bastante difundida para a definição de metas é a SMART. Segundo ela, os objetivos devem ser:

- *Specific* (Específicos).
- *Measurable* (Mensuráveis).
- *Achievable* (Atingíveis).
- *Relevant* (Relevantes).
- *Time-bound* (Temporizáveis).

Nas finanças pessoais, também precisamos eleger os objetivos mais importantes e definir estratégias para alcançá-los. No entanto, o processo de priorização é um pouco diferente. Um dos objetivos de poupança mais frequentes, por exemplo, é juntar ou financiar recursos para comprar a casa própria. Esse sonho está no grupo de necessidades da *manutenção*, dada sua relevância.

Para avaliar metas como essa, o **Método das 4 Bases®** propõe a *técnica RESET*. Enquanto a especificidade do objetivo é a prioridade no mundo empresarial, nas finanças pessoais é a relevância do objetivo que faz o papel de protagonista. Nas empresas, precisamos definir muito bem os detalhes daquilo que queremos alcançar para podermos estimar investimentos com precisão. Afinal, em empresas, prestamos contas para diversas partes interessadas, que precisam aprovar o investimento.

No caso das finanças pessoais, não é necessário que a precisão seja o critério mais importante. Em primeiro lugar, precisamos saber se aquele objetivo é o mais importante *para nós* – ou para o conjunto da nossa família.

Em comum, ambos implicam na renúncia a outros objetivos quando escolhemos um. Primeiro, faça o checklist se o objetivo atende a todos esses quesitos da *técnica RESET*.[58] No método, atribuíamos pontos de 1 a 5 para cada quesito:

- *Relevante*: quão importante e alinhado com seus valores é esse objetivo?
- *Estimável*: é possível estimar o valor necessário para realizá-lo?
- *Suportável*: o esforço de poupança cabe no seu orçamento atual?
- *Específico*: quão bem definido e detalhado está esse objetivo?
- *Temporal*: existe um prazo concreto para sua realização?

---

58 Acesse a ferramenta que facilite a comparação de objetivos por meio da técnica reset: https://finan.to/reset.

	a) Sabático com curso presencial no exterior	b) Acelerar a independência financeira	c) Comprar apartamento
Relevante	5	4	4
Estimável	4	3	4
Suportável	3	3	3
Específico	5	3	4
Temporal	4	2	3
TOTAL	21 pontos	15 pontos	18 pontos

Sofia usou a ferramenta do RESET do **Método das 4 Bases®** para comparar três objetivos alternativos que estavam em um mesmo patamar, por conta da sua importância e do volume de recursos envolvidos. Para eles, conforme recomendamos, atribuiu os pontos de 1 a 5: A) o curso com sabático, B) a aceleração da independência e a C) a aquisição de um apartamento próprio. O resultado a deixou ainda mais motivada a se esforçar pelo objetivo vencedor, dada a racionalização da decisão que havia obtido com a *técnica RESET*. Veja os comentários contidos no dossiê, especificamente para o vencedor:

- R: 5 pontos, porque a relevância para a carreira dela era indiscutível, dado o conteúdo do programa, a instituição escolhida e a vivência internacional;
- E: 4, pois ela tinha uma estimativa bastante razoável do montante de que precisaria, mas a exatidão nesses projetos é praticamente inviável;
- S: 3, porque ela ainda não havia reunido os recursos suficientes para o projeto, embora ele fosse viável se houvesse um aumento de poupança;
- E: 5, de fato, era um objetivo bastante específico, com lugar, duração e objetivos bem definidos;
- T: 4, pois ela pretendia que isso ocorresse em até dois anos, já considerando a falta de flexibilidade por conta do ano letivo no exterior, que começava após o meio do ano.

Os demais objetivos comparados eram interessantes e desejáveis, mas perdiam na soma dos itens. Por ser solteira, sem planos de casamento, um imóvel próprio poderia significar a imobilização de recursos em um local, dificultando sua mobilidade. Ela também gostaria de se casar um dia. Portanto, seria importante deixar questões como tamanho e localização de uma futura casa em aberto. A questão da aceleração da independência também seria interessante, mas tirou nota 2 no item da temporalidade, sendo desclassificada por enquanto. Isso porque ela era ainda relativamente jovem e não sabia exatamente quando gostaria de diminuir o ritmo ou parar de trabalhar. Além disso, vinha cuidando bem da jornada da independência financeira, que não seria comprometida por esses projetos.

Ao final, o objetivo com mais pontos ganha um destaque natural para orientar a tomada de decisão, sendo que apenas os objetivos com pelo menos uma nota 3 em cada quesito passam de fase. Para calcular o valor mensal a ser poupado (e depois investido) para atingir os mais diferentes objetivos, temos uma calculadora on-line[59] que você pode acessar após fazer suas simulações com a definição de seus objetivos, com a ajuda do RESET.

Após aplicar o RESET, muitas vezes precisamos revisar nossas escolhas de consumo para direcionar mais recursos aos objetivos eleitos. Nos próximos *sprints*, será necessário voltar às bases do *gastar bem* e do *investir melhor* para fazer os ajustes necessários, assunto que abordaremos no último passo, no **Capítulo 14**, "Evoluindo o plano".

Lembre-se de que *poupar certo* é um hábito a ser cultivado dia após dia, escolha após escolha. Ao usar essas técnicas numéricas relativamente básicas – mas validadas –, colocando a razão no comando e fazendo as melhores opções entre presente e futuro, você pavimentará o caminho para a realização dos seus sonhos e para a construção de um patrimônio que cresce com consistência.

Sofia entendeu que o cofre de porquinho havia sido apenas o começo da sua jornada como poupadora. Agora, munida das técnicas e ferramentas do **Método das 4 Bases®**, ela está pronta para poupar com propósito e inteligência, transformando seus recursos de hoje na segurança e na liberdade financeira do amanhã.

---

59 https://finan.to/calculadora.

RESUMO DAS AÇÕES NO PASSO 4 (Dia 6 de 30)

- Defina seu conjunto de metas financeiras de curto, médio e longo prazo, incluindo as etapas da independência financeira e os sonhos de consumo nos grupos de necessidades. Ter clareza do que se deseja alcançar é o primeiro passo para realizar.

- Aplique a técnica RESET nos seus objetivos, priorizando aqueles que são mais relevantes, estimáveis, suportáveis, específicos e temporizáveis. Concentre seus esforços naquilo que realmente fará diferença na sua vida.

- Estime o prazo e o valor futuro de cada objetivo. Isso permitirá calcular o quanto você precisa poupar periodicamente para chegar lá.

- Nos próximos ciclos de *sprints*, você revisará seu orçamento e identificará oportunidades de direcionar mais recursos para a poupança, sem comprometer seu bem-estar no presente. Pequenos ajustes nos hábitos de consumo podem gerar um grande impacto no longo prazo.

11.
INVESTINDO MELHOR (PASSO 5)

Nos capítulos anteriores, aprendemos os passos para fortalecer as bases do *ganhar mais, gastar bem* e *poupar certo*. Chegou a hora de avançar para entender como transformar a poupança que conseguimos produzir em investimentos que nos aproximem dos nossos objetivos, com a maior velocidade possível.

Investir é essencial para preservar e aumentar o poder de compra do nosso dinheiro ao longo do tempo. Sem investimentos, nossa poupança fica exposta à corrosão da inflação, como sementes guardadas em um local úmido e sem luz, perdendo sua capacidade de germinar.

Neste capítulo vamos entender o grande trinômio do investimento: risco, retorno e liquidez; e como encontrar o equilíbrio ideal entre esses fatores. Também vamos aprender sobre o investimento baseado em prazos e como alinhar nossa estratégia aos objetivos de curto, médio e longo prazo.

Além disso, vamos descobrir o poder das carteiras diversificadas para mitigar riscos e aproveitar oportunidades.

Com exemplos práticos e dicas valiosas, você estará preparado para calibrar as variáveis de rentabilidade, risco e liquidez e ir mais rápido em direção à independência financeira. Prepare-se para plantar as sementes e colher os resultados com a fórmula de investimentos mais bem-sucedida do mundo. E, por mais incrível que possa parecer, uma das mais simples de compreender e executar, desde que se tenha o devido suporte.

O GRANDE TRINÔMIO: RISCO, RETORNO E LIQUIDEZ

No mundo dos investimentos, três conceitos fundamentais andam sempre juntos: risco, retorno e liquidez. Entender a relação entre eles é essencial para tomar decisões conscientes e adequadas ao seu perfil. Risco, retorno e liquidez são também um grande "trilema".

Um trilema é uma situação em que três objetivos ou escolhas são mutuamente incompatíveis em sua totalidade. Ou seja, não se pode ter ao mesmo tempo todos os três desejáveis atributos em sua máxima expressão. Trata-se de um "dilema com três elementos" em vez de dois. Vamos examinar cada um, primeiro de modo resumido:

- **Retorno (rentabilidade)**: refere-se ao ganho ou lucro obtido sobre um investimento.
- **Liquidez**: a facilidade e rapidez com que um ativo pode ser convertido em dinheiro sem perda significativa de valor.
- **Risco**: a probabilidade de perda ou a incerteza associada ao retorno esperado.

Esses três fatores estão frequentemente em tensão uns com os outros:

- **Retorno *versus* risco**: ativos de alto retorno geralmente têm maior risco associado. Por exemplo, ações podem oferecer retornos superiores no longo prazo, mas são mais voláteis e arriscadas do que títulos do governo.
- **Retorno *versus* liquidez**: investimentos menos líquidos frequentemente oferecem maior retorno para compensar a dificuldade de venda rápida sem perda significativa. Imóveis, por exemplo, tendem a ter retornos atrativos, mas demoram mais para serem vendidos.
- **Liquidez *versus* risco**: ativos altamente líquidos, como depósitos bancários, têm normalmente baixos retornos justamente porque o risco associado também é baixo.

A busca pelo equilíbrio perfeito entre esses três fatores configura um trilema porque maximizar qualquer um deles tende a comprometer pelo menos um dos outros dois. Portanto, tomar decisões financeiras envolvendo esse trilema exige análise cuidadosa e estratégia equilibrada conforme os objetivos individuais do investidor/emissor de ativos.

Assim, o risco é a possibilidade de perda ou variação nos resultados esperados. Quanto maior o risco, maior a chance de oscilações no valor do investimento. Já o retorno é o ganho potencial, a recompensa por assumir esse risco. E a liquidez, por sua vez, é a facilidade com que você pode transformar o investimento em dinheiro, sem perdas significativas.

Geralmente, investimentos de alto risco oferecem a possibilidade de retornos mais elevados, enquanto opções mais seguras tendem a apresentar ganhos menores. Da mesma forma, ativos mais líquidos costumam ter retornos inferiores aos de baixa liquidez.

Um fundo de renda fixa lastreado em títulos públicos é um investimento de baixo risco e alta liquidez, mas com retornos historicamente menores que outros ativos que assumem mais risco. A depender das taxas de administração e dos impostos, sua rentabilidade chega a ficar abaixo dos índices de gerais de preços. Já as ações de empresas têm maior potencial de valorização, estão sujeitas a oscilações de mercado e podem levar mais tempo para serem vendidas.

O segredo está em encontrar o equilíbrio ideal entre risco, retorno e liquidez, de acordo com seus objetivos e tolerância ao risco. O **Método das 4 Bases**® propõe uma abordagem que leva em conta esses três fatores para maximizar os resultados em cada etapa da independência financeira.

Para as etapas iniciais da independência financeira, quando o foco é construir uma reserva mínima e proteger-se contra imprevistos, investimentos de baixo risco e alta liquidez são mais indicados. Conforme avançamos para etapas de longo prazo, como a aposentadoria, podemos nos beneficiar de opções com maior potencial de retorno, mesmo que isso signifique assumir riscos um pouco mais elevados, dentro de nossa faixa de tolerância.

Portanto, ao calibrar risco, retorno e liquidez, você alinhará seus investimentos à sua jornada financeira, aumentando as chances de sucesso em cada estágio.

INVESTIMENTO BASEADO EM PRAZOS

Depois de muitos anos de dominância da teoria do portfólio,[60] há alguns anos o planejamento financeiro passou a valorizar o chamado investimento baseado em objetivos específicos, como comprar uma casa, fazer uma viagem dos sonhos ou se aposentar. Essa abordagem, conhecida como *goal-based investing*, tem seus méritos, mas pode ser complexa de gerir devido à fragmentação em muitas carteiras de pequeno valor, montadas em função de cada objetivo.

O **Método das 4 Bases**® propõe uma visão complementar, chamada de *term-based investing* (TBI), ou investimento baseado em prazos. Nessa perspectiva, os objetivos financeiros são categorizados e reunidos em curto (até 1 ano), médio (entre 1 e 5 anos) e longo prazo (acima de 5 anos), e a estratégia de investimento é adaptada a cada horizonte. Tais prazos, é claro, podem ser adaptados para idades menores ou maiores.

Para o curto prazo, o foco é preservar o capital e garantir liquidez, priorizando opções de baixo risco, como títulos públicos e fundos de renda fixa. No médio prazo, buscamos um equilíbrio entre segurança e retorno, diversificando em ativos como ações, fundos multimercado e fundos imobiliários. Já para objetivos de longo prazo, podemos assumir riscos um pouco maiores em busca de retornos mais expressivos, investindo em ações, fundos de ações e até investimentos alternativos. Assim, mesmo que a pessoa tenha um perfil de investidor "conservador", por exemplo, terá condições de obter melhores retornos em horizontes de investimento de médio e longo prazos.

Veja tabela ilustrativa, considerando carteiras TBI para um mesmo investidor:

	Curto prazo	Médio prazo	Longo prazo
Liquidez	Máxima liquidez	Posição intermediária	Menos liquidez
Retorno	Baixo retorno	Idem	Mais retorno
Risco	Mínimo risco	Idem	Maior risco, respeitando o perfil

---

60 Desenvolvida por Harry Markowitz, na década de 1950, é um conceito que tem vias de otimizar a relação risco x retorno dos investimentos.

Ao alinhar os investimentos com os prazos, otimizamos os resultados e evitamos a armadilha de tomar decisões inadequadas, como resgatar recursos destinados à aposentadoria para cobrir emergências de curto prazo.

Além disso, o *term-based investing* se conecta diretamente com a base do *poupar certo* do *método*. Objetivos com prazos similares são agrupados em carteiras diversificadas que operam com os mesmos níveis de risco, retorno e liquidez.

Você pode examinar as carteiras teóricas que elaboramos para Camila, Daniel e Sofia, com suas respectivas explicações, acessando os dossiês deles pelo link https://finan.to/kit4bases. São carteiras teóricas porque todas elas passaram pela avaliação final de um consultor de investimentos antes de serem implementadas. Atualmente, em nossa plataforma, temos a possibilidade de um *coplanner* financeiro pessoal, movido por inteligência artificial e treinado com uma infinidade de dados gerais do mercado (além de dados pessoais), usado para montar a base dessas carteiras, acelerando o processo e fortalecendo a visão do cliente sobre suas finanças. Trata-se de um *coplanner* que só enxerga os dados de uma pessoa ou família, sendo altamente especializado em sua vida financeira. Contudo, a configuração final das carteiras e de seus ajustes futuros deve ser sempre confiada a um profissional habilitado.

O PODER DAS CARTEIRAS DIVERSIFICADAS

Conforme já vimos, diversificar significa distribuir seus recursos em diferentes ativos, setores e até geografias, com o objetivo de mitigar riscos e aproveitar oportunidades. Quando uma classe de ativos está em baixa, outra pode compensar as perdas, mantendo o equilíbrio da carteira.

Além de reduzir a volatilidade, a diversificação pode tornar sua carteira mais resiliente e até mesmo antifrágil. Volatilidade em investimentos refere-se a quanto e com que frequência o valor de um ativo financeiro, como uma ação ou moeda, varia ao longo do tempo. É um indicador da incerteza ou do risco associado às mudanças no preço do ativo. Já a resiliência é a capacidade de se recuperar rapidamente de choques e adversidades, enquanto antifragilidade, conceito cunhado por Nassim Taleb, é a propriedade de se beneficiar da desordem e do estresse, crescendo nas crises.

Uma carteira diversificada bem construída não apenas resiste a turbulências, mas pode sair ainda mais fortalecida delas. Isso é possível graças à "descorrelação" entre os ativos, ou seja, quando seus preços não se movem na mesma direção e intensidade. Para criar uma carteira diversificada, é essencial considerar seu perfil de investidor.

Olhando mais atentamente para a tabela que apresentamos, veja que existe uma vantagem decisiva no modelo *term-based investing*, que é a possibilidade de adicionar pequenas doses de exposição a riscos e menor liquidez para aqueles conjuntos de objetivos com prazos mais longos. Então, mesmo um investidor de perfil conservador pode contar com frações de ativos de maior risco estrategicamente posicionadas para melhorar a sua rentabilidade nos seus investimentos de médio e longo prazo.

Independentemente do seu perfil, considerar ativos internacionais é fundamental para uma diversificação eficiente. Ao investir através de mercados desenvolvidos, como os Estados Unidos, você não apenas reduz a dependência da economia local, mas também se beneficia de empresas e setores que estão ao redor de todo o mundo.

Lembre-se de que a diversificação está diretamente relacionada aos conceitos de risco, retorno e liquidez. Ao combinar ativos com características distintas, você encontra o ponto de equilíbrio ideal para sua carteira, alinhado aos seus objetivos e tolerância a perdas. Além disso, a diversificação é uma aliada poderosa na busca pela independência financeira. Ao construir uma carteira robusta e adaptada a cada etapa da sua jornada, você estará mais preparado para enfrentar os desafios e aproveitar as oportunidades que surgem ao longo do caminho.

Agora que você conhece a base do *investir melhor* do método, é hora de levar esse conhecimento para o lado ainda mais prático. Vamos integrar todos os passos até agora em um *sprint financeiro*, um ciclo trimestral em que o nosso *plano financeiro personalizado* começará a rodar e a produzir os resultados positivos dentro desses primeiros trinta dias.

RESUMO DAS AÇÕES NO PASSO 5 (Dia 7 de 30)

- Avaliar seu perfil de investidor e definir a alocação ideal entre risco, retorno e liquidez. Isso envolve compreender sua tolerância a perdas, seus objetivos financeiros e o prazo para alcançá-los. Ao encontrar o equilíbrio correto, você maximiza as chances de sucesso e reduz o estresse na jornada do investimento.

- Categorizar seus objetivos financeiros em curto, médio e longo prazo, alinhando os investimentos a cada horizonte. A abordagem de *term-based investing* permite otimizar os resultados e evitar decisões equivocadas, como resgatar recursos destinados à aposentadoria para cobrir emergências de curto prazo. Aproveite a conexão natural dessa estratégia com as *quatro bases* do método.

- Construir uma carteira diversificada, considerando diferentes classes de ativos, setores e geografias. A diversificação é essencial para mitigar riscos, aproveitar oportunidades e tornar seus investimentos mais resilientes e antifrágeis. Não se esqueça de incluir ativos internacionais, especialmente de mercados desenvolvidos, como os Estados Unidos, para uma exposição mais completa e eficiente. Aqui é útil contar com um *advisor* movido por inteligência artificial específica para esse fim[61] e, de preferência, com o acompanhamento e a supervisão de um consultor de investimentos conectado com uma ou mais plataformas.

- Revisar periodicamente sua estratégia de investimento e fazer os ajustes necessários. Acompanhe o desempenho da sua carteira, observe o mercado e mantenha-se atualizado sobre as tendências econômicas. Lembre-se de que investir é uma jornada de aprendizado contínuo e que a chave para o sucesso é a disciplina, a paciência e a consistência na aplicação do **Método das 4 Bases®**.

---

[61] Para saber mais sobre essa ferramenta, acesse: https://finan.to/coplanner.

12.
USANDO O *SPRINT* FINANCEIRO (PASSO 6)

Todos nós já fazemos *sprints* em diversas áreas da vida, mesmo que por instinto, porque é muito eficaz para gerar foco e atenção. Desde muito cedo, usamos essa técnica quando queremos entregar um trabalho ou estudar para uma prova. Afinal, quando nos encontramos diante de um desafio, a mente instintivamente busca concentrar toda a energia disponível para superá-lo. É como se, por um momento, o mundo ao redor desaparecesse e só existisse aquele objetivo. Podemos considerar que as crianças de Stanford fizeram algo próximo a um *sprint* intuitivo para resistir ao palhaço da caixa e não comer os doces.

Esse mecanismo de foco é tão poderoso que foi incorporado em diversas metodologias de gestão e produtividade. Nas corridas, por exemplo, os *sprints* são usados para se atingir máxima velocidade, quebrar recordes e vencer competições. É aquele momento em que o atleta dá tudo de si, ignorando a fadiga e a dor, para cruzar a linha de chegada em primeiro lugar.

No mundo da tecnologia, inúmeras empresas, incluindo grandes corporações inovadoras como Spotify, Amazon, Salesforce e Airbnb, empregam *sprints* por meio das metodologias ágeis.[62] Elas descobriram que, ao dividir projetos complexos em ciclos curtos e intensos, com objetivos bem definidos, conseguem não apenas entregar resultados mais rápido, mas também de modo mais eficiente e alinhado com as necessidades do cliente.

---

62 AGILE methodology. **Faster Capital**. Disponível em: https://fastercapital.com/startup-topic/Agile-Methodology.html. Acesso em: 27 maio 2024.

BENEFÍCIOS DO *SPRINT* NAS FINANÇAS PESSOAIS

Então, se o conceito de *sprint* funciona tão bem em tantas áreas diferentes, por que não o aplicar também às finanças pessoais? Afinal, de maneira análoga a um corredor ou uma equipe de desenvolvimento, também temos metas financeiras que desejamos alcançar. E, muitas vezes, essas metas parecem distantes ou até mesmo inalcançáveis, especialmente quando olhamos para o longo prazo.

É aí que entra o *sprint financeiro*. Ao quebrar nossos grandes objetivos em ciclos menores, com metas específicas e ações bem definidas, tornamos o processo muito mais palpável e realizável. Em vez de nos sentirmos paralisados pela enormidade do desafio, podemos focar aquilo que está ao nosso alcance no momento e ir progredindo passo a passo.

Agora, vamos formalizar e aprimorar essa técnica que já usamos intuitivamente, aplicando-a de maneira estratégica às nossas finanças. Vamos transformar nossos sonhos financeiros em realidade, um *sprint* de cada vez.

Conforme já dito, os benefícios de *sprints* para várias áreas da vida humana são inegáveis. Eles nos permitem canalizar nossa energia e atenção para aquilo que realmente importa, evitando distrações e desperdícios.

No caso do planejamento financeiro, os *sprints* têm um papel ainda mais crucial. Eles nos ajudam a vencer nossa tendência natural de procrastinar e adiar decisões importantes, reduzindo os efeitos da *síndrome do plano*. Aquela voz interior que diz "depois eu penso nisso", "esse mês não dá, quem sabe no próximo" ou "deixa eu ver primeiro quanto vai sobrar" aos poucos vai sendo silenciada, dando lugar a uma postura mais proativa e realizadora.

Além disso, ao dividir nossas metas financeiras em ciclos menores, os *sprints* nos permitem experimentar vitórias mais frequentes. Cada objetivo alcançado, por menor que seja, nos dá uma injeção de ânimo e autoconfiança, reforçando nosso compromisso com o processo. É como se a cada *sprint* estivéssemos treinando nosso músculo da disciplina financeira, tornando-o mais forte e resistente.

E não é só isso. Os *sprints financeiros* também têm o poder de transformar nossa relação com o dinheiro em algo mais positivo e saudável. Ao definir ações concretas e mensuráveis para cada ciclo, passamos a enxergar nossas finanças não como algo abstrato e incontrolável, mas como um aspecto da vida que podemos dominar e moldar de acordo com nossos valores e prioridades.

No **Método das 4 Bases®**, o *sprint financeiro* pode ser definido como um **ciclo de três meses**, no qual a pessoa ou a família vai dedicar a cada base financeira uma força positiva equivalente, buscando executar certas ações necessárias para *ganhar mais, gastar bem, poupar certo* e *investir melhor*. Note que não se trata de fazer escolhas extremas ou radicais, mas de buscar um equilíbrio dinâmico entre essas diferentes áreas.

Desde o passo 1 do método, já estávamos preparando nosso *sprint* com tudo aquilo que precisamos para colocá-lo em prática. Agora, é hora de dar o pontapé e começar a ver os resultados.

No caso do **Método das 4 Bases®**, há o comprometimento de, durante o *sprint*, seguir um *plano financeiro personalizado* para obter resultado, fazendo um esforço igualmente distribuído em cada uma das bases.

Pode parecer um desafio e tanto, mas a beleza do *sprint* é justamente quebrar essa jornada em etapas menores, mais digeríveis. É como escalar uma montanha: se olharmos só para o topo, podemos ficar desmotivados. Mas se focarmos o próximo passo, e depois o seguinte, logo estaremos no topo, admirando a paisagem.

O *sprint financeiro* é, acima de tudo, um compromisso com nós mesmos e com nosso círculo familiar. É uma forma de dizer "Eu me importo com meu futuro financeiro e estou disposto a fazer o que for preciso para melhorá-lo". É claro que haverá obstáculos e contratempos ao longo do caminho, mas o importante é manter o foco e celebrar cada pequena vitória.

Por isso, ao final de cada *sprint*, devemos fazer uma pausa para avaliar nossos resultados, ajustar nossa estratégia e definir as metas do próximo ciclo. É como fazer um *pit stop* em uma corrida de carros: precisamos verificar se os pistões das *quatro bases* estão calibrados, fazer os ajustes necessários e reabastecer as energias para a próxima volta.

A cada semestre, portanto, serão realizados dois desses ciclos e, a cada ano, quatro. O ideal é que cada *sprint financeiro* comece, respectivamente, nos meses de **janeiro**, **abril**, **julho** e **outubro**, para que se tenha uma visão completa de progresso em um ano inteiro, de janeiro a dezembro. Isso não significa, porém, que você precise esperar até uma dessas datas para começar. O melhor momento para iniciar seu primeiro *sprint* é agora, com aquilo que você tem.

Se está começando em um mês diferente, não tem problema. Faça um *sprint* mais curto para sincronizar com o calendário sugerido. Por exemplo, se você iniciar em fevereiro, faça um *sprint* de dois meses para começar o próximo em abril. Se começar em junho, faça um *sprint* de um mês para começar o seguinte em julho, e assim por diante. O importante é começar agora, sem adiar nada, porque não precisa.

Nos primeiros trinta dias de cada *sprint*, teremos um período de adaptação, com uma intensidade um pouco menor. É como aquecer os motores antes da largada. Contudo, mesmo nessa fase inicial, já é possível colher resultados significativos em termos de aumento de reservas e redução de dívidas. E o melhor: ao final desse primeiro mês, você já estará com o GPS configurado, sabendo exatamente o que precisa fazer para chegar aonde deseja.

E quanto mais *sprints* você fizer, mais natural e automático todo o processo vai se tornando. Sua mente e suas emoções vão se acostumando com essa nova forma de lidar com o dinheiro, e as escolhas que antes pareciam difíceis se tornarão quase instintivas. É como dirigir um carro: no início, você precisa pensar em cada movimento, mas com a prática, as engrenagens vão se alinhando e o caminho vai ficando mais suave.

Perceba que agora você já está com o seu *cérebro financeiro* devidamente alinhado e balanceado, e que a *razão*, o *comportamento*, o *instinto* e a *motivação* estão bem-posicionados para entregar aquilo que cada divisão faz de melhor. Com elas posicionadas e atuando em harmonia, fica muito mais difícil para a *síndrome do plano* interferir e provocar aquela bagunça ou paralisia que muitas vezes experimentamos no passado. Então, está na hora de falar sobre as ferramentas que vão ajudar você a manter o controle e o foco ao longo desse processo.

FERRAMENTAS DE CONTROLE PARA O PRIMEIRO *SPRINT*

Nos próximos vinte dias, do dia 8 ao dia 28 desses primeiros trinta dias, iremos atrás das primeiras metas e colheremos os primeiros resultados em crescimento financeiro. Serão dias intensos, mas também muito gratificantes, em que poderemos ver na prática os efeitos de nossas escolhas e ações.

Para esse controle, o **Método das 4 Bases®** traz uma abordagem diferente da maioria das planilhas e apps de finanças que você pode ter usado antes. Em vez de ficar olhando para o retrovisor, categorizando gastos que já aconteceram, nós vamos olhar principalmente para frente, usando o passado apenas como referência para projetar um futuro melhor.

Afinal, por mais que seja importante aprender com nossos erros e acertos anteriores, o que realmente importa é o que fazemos hoje e o que planejamos para o amanhã. De nada adianta ficar remoendo decisões que não podemos mais mudar. O poder de transformar nossa realidade financeira está no agora.

Então, em vez de perder horas preciosíssimas enterrados em extratos e notas fiscais antigas, vamos usar esse tempo para planejar e agir. Vamos definir para onde queremos ir e traçar o caminho mais eficiente para chegar lá, fazendo os ajustes necessários ao longo da rota.

Para isso, nossos clientes contam com uma série de recursos digitais e híbridos na nossa plataforma, além da possibilidade de acompanhamento personalizado, como os que oferecemos para Camila, Sofia e Daniel. No entanto, boa parte de nossos clientes segue seus planos personalizados de modo independente, acessando a plataforma em seus níveis mais básicos. É uma opção individual. Com o livro e o seu "kit 4 bases" em mãos, você terá acesso aos dois instrumentos fundamentais que estão na base dos nossos ciclos trimestrais.

O primeiro deles é o Canvas PFP, que mostraremos daqui a pouco com um exemplo prático.[63] Ele funciona como um painel de controle, no qual você pode ter uma visão geral de sua vida financeira e de seus objetivos para o *sprint*. É como um mapa que lhe mostra onde você está, em que lugar quer chegar e quais os caminhos possíveis para fazer a travessia. Com ele, você pode registrar as principais ações que escolheu para trabalhar em cada uma das *quatro bases* financeiras durante o ciclo. Essas ações podem

---

[63] Acesse em: https://finan.to/canvas ou https://finan.to/kit4bases.

incluir coisas como buscar uma nova fonte de renda para aumentar seus ganhos, uma meta percentual de redução em certas categorias ou grupos, incrementar a poupança para um certo objetivo ou internacionalizar parte dos seus investimentos.

Além do Canvas, outra ferramenta importante é a planilha do *sprint*,[64] na qual se projetam as entradas e saídas do trimestre com as mudanças graduais esperadas, calcula-se a poupança necessária para os diferentes objetivos – bem com os montantes já acumulados para eles –, além de se controlar a redução das dívidas. Ambas as ferramentas são os guias do seu *sprint*, mostrando exatamente por onde seu dinheiro está passando e se você está seguindo o trajeto planejado.

Aqui, a estratégia é não se perder em categorias muito detalhadas ou complexas. O ideal é ter uma visão simples, mas abrangente, que lhe permita identificar rapidamente os pontos de atenção e as oportunidades de melhoria. Por isso, no **Método das 4 Bases®**, trabalhamos apenas com aqueles grandes grupos de saídas financeiras: **Grupo 1**, da **manutenção** (aquilo que é importante para se viver com conforto, proporcional ao seu padrão de vida), **Grupo 2**, da **proteção** (tudo que te dará segurança diante das mudanças e surpresas da vida), **Grupo 3**, da **satisfação** (as boas experiências da vida junto daqueles de que gostamos) e **Grupo 4**, da ***realização*** (gastos e projetos em itens elevados em propósito ou desenvolvimento pessoal).

Separando suas movimentações nesses grupos, fica mais fácil perceber se você está destinando seus recursos de modo relativamente equilibrado e alinhado com seus valores. Por exemplo, se você vir que está gastando muito mais no grupo 3 e no grupo 4, pode ser um sinal de que é hora de repensar algumas escolhas.

Isso vale para as entradas também: é importante saber de onde vem cada centavo que entra em suas contas, para que você possa avaliar se suas fontes de renda são sólidas e diversificadas o suficiente. Afinal, depender de uma única fonte pode ser um risco, dependendo do seu contexto de vida.

---

64 Acesse em: https://finan.to/sprint ou https://finan.to/kit4bases.

Para mostrar como tudo isso funciona na prática, vamos retomar o caso do Daniel, elaborando o *sprint* dele para os três primeiros meses do ano. Com isso, precisamos executar a seguinte sequência de tarefas:

1. Relacionar as *entradas* e catalogar as *saídas financeiras* por *grupo de necessidades*, calculando o *indicador BIT* delas.
2. Estabelecer as metas gerais do *sprint* e registrá-las no *Canvas PFP*.
3. Calcular e planejar os aportes para os diferentes objetivos financeiros, incluindo o pagamento de dívidas, caso existam.
4. Planejar o aumento gradual da alocação para esses objetivos, enquanto reduz naquelas categorias com *indicador BIT* menores (sendo os menores que 1 prioritários), estabelecendo um *teto de gastos* para elas ao longo do *sprint*.
5. Fazer a alocação prioritária nesses objetivos logo no início do mês e monitorar o cumprimento dos *tetos de gastos* naquelas categorias onde irá reduzir, bem como das metas gerais estabelecidas no *Canvas*.

Vamos, então, explorar cada uma delas.

1. RELACIONAR AS *ENTRADAS* E CATALOGAR AS *SAÍDAS FINANCEIRAS* POR *GRUPO DE NECESSIDADES*, CALCULANDO O *INDICADOR BIT* DELAS

Neste exemplo do Daniel, dezembro é o mês de referência, sendo que no primeiro trimestre do ano seguinte acontecerá, por consequência, o primeiro *sprint*. Na aba de entradas, vemos as entradas financeiras no período que, em seu caso, se resumem à remuneração que recebe de seu contrato de trabalho como desenvolvedor de *software*, com os dólares já convertidos para a unidade monetária local. Como não existe ainda a projeção de nenhum reajuste para esses primeiros meses do ano, o valor na coluna "planejado" se repete. É importante lembrar que quaisquer entradas precisam estar líquidas dos impostos que incidem diretamente no recebimento.

ENTRADAS

Todas as entradas	dez/xx Referência	jan/xx Planejado	Real	fev/xx Planejado	Real	mar/xx Planejado	Real
Salário	28.901,00	28.901,00	-	28.901,00	-	28.901,00	-
Saldo em contas (mês anterior)	-	-	-	-	-	-	-
ENTRADAS LÍQUIDAS (*)	28.901,00	28.901,00	-	28.901,00	-	28.901,00	-
TOTAL DE ENTRADAS	28.901,00	28.901,00	-	28.901,00	-	28.901,00	-

(*) Exclui imposto, crédito, resgate, saldo etc.

Se temos um salário antes dos descontos equivalente a 8.000, como era o caso da Camila, precisamos inserir o valor já líquido desses descontos. No caso dela, esse valor era de 6.500, que foi somado aos rendimentos líquidos do marido, equivalentes a 8.700. Com isso, eles optaram corretamente por uma abordagem familiar das finanças, deixando certo espaço para as individualidades de cada um no orçamento, com gastos que poderiam fazer a partir de sua livre escolha individual.

Antes de usar o *método*, as finanças da família eram tratadas separadamente pelo casal. Essa é sempre uma opção, claro. No entanto, costumamos dizer aos clientes e profissionais que trabalham em parceria conosco que as finanças da família, quando planejadas de maneira conjunta, deixam de ser movidas por motores simples e passam a ser um motor de 8 cilindros. Um motor V8 muito potente, porque em cada uma das *quatro bases* teremos a contribuição de duas pessoas trabalhando em conjunto.

Mas voltemos à classificação das saídas de Daniel.

Do lado das saídas, realizamos a coleta de todas as transações de cartões de créditos e contas correntes (excluídos os pagamentos de fatura de cartão e as transferências entre suas contas correntes para não fazermos dupla contagem). Aqui, foram classificadas todas as transações – que estão ocultas por privacidade – nas respectivas categorias e grupos de necessidades (1, 2, 3 ou 4). A seguir está, claro, somente um trecho dessa classificação.

PFP *SPRINT* - SAÍDAS FINANCEIRAS
Relacione e classifique as saídas financeiras
mês de referência: Dez/xx

Saída/Transação	Grupo	Categoria	Benefício	Impacto	Valor ($)
	Grupo_4_R	Negócio próprio (Itens Pré-Operacionais) [G4]	10,0	1	29,29
	Grupo_4_R	Negócio próprio (Itens Pré-Operacionais) [G4]	8,0	1	49,00
	Grupo_3_S	Hotéis e/ou casa de temporada e/ou pousadas [G3]	10,0	2	200,91
	Grupo_4_R	Livros [G4]	9,0	1	8,91
	Grupo_4_R	Livros [G4]	9,0	1	38,09
	Grupo_3_S	Streaming e/ou apps e/ou livros (lazer) [G3]	8,0	2	14,90
	Grupo_4_R	Streaming e/ou apps educacionais [G4]	8,0	2	29,50
	Grupo_4_R	Negócio próprio (Itens Pré-Operacionais) [G4]	8,0	1	166,02
	Grupo_1_M	Celular (conta e/ou aparelho) [G1]	10,0	1	64,48
	Grupo_3_S	Delivery de comida e/ou bebida [G1] [G3]	8,0	2	42,18
	Grupo_3_S	Delivery de comida e/ou bebida [G1] [G3]	8,0	2	44,58
	Grupo_3_S	Delivery de comida e/ou bebida [G1] [G3]	8,0	2	52,89
	Grupo_3_S	Delivery de comida e/ou bebida [G1] [G3]	8,0	2	38,23
	Grupo_3_S	Delivery de comida e/ou bebida [G1] [G3]	8,0	2	63,89
	Grupo_3_S	Delivery de comida e/ou bebida [G1] [G3]	8,0	2	55,06
	Grupo_3_S	Delivery de comida e/ou bebida [G1] [G3]	8,0	2	73,69
	Grupo_3_S	Delivery de comida e/ou bebida [G1] [G3]	8,0	2	70,74
	Grupo_3_S	Delivery de comida e/ou bebida [G1] [G3]	8,0	2	35,69
	Grupo_1_M	Supermercado e/ou similares [G1]	10,0	2	40,84
	Grupo_1_M	Supermercado e/ou similares [G1]	10,0	2	44,07

Agora atribuímos o Benefício (B) e o seu Impacto (I), inserindo o valor monetário de cada transação na última coluna. Dentro de uma **mesma categoria**, caso as transações proporcionem benefício e impacto similares, podemos utilizar B e I iguais para todas elas. Caso contrário, podemos fazer uma média do Benefício e do Impacto das transações de uma mesma categoria. Está disponível no kit a fórmula automática para calcularmos o BIT em cada categoria, considerando ambos cenários.

Nos planos mais avançados de nossa plataforma, todo esse trabalho é feito com o uso da tecnologia alimentada por inteligência artificial, tendo a supervisão e a intervenção humana quando necessárias. Mas é possível que você faça esse trabalho com relativa facilidade, investindo um pouco de tempo extra e usando apenas planilhas que disponibilizamos no kit.

Para coletar mais facilmente as transações, temos há algum tempo um aliado poderoso no mundo da tecnologia: a integração de sistemas com o uso de APIs. API é a sigla, em inglês, para Interface de Programação de Aplicações, um conjunto de serviços e funções implementados num programa de computador para que outros programas e aplicações possam "interagir" com ele e utilizá-los diretamente. Esses serviços de APIs são fornecidos por empresas especializadas e homologadas pelas instituições financeiras, viabilizando aquilo que conhecemos em todo o mundo hoje como *open finance*, onde o cliente autoriza que determinados dados (como a movimentação de contas e cartões, por exemplo) sejam compartilhados com serviços de finanças externos.

Mas há quem ainda não se sinta confortável em disponibilizar diretamente suas informações via *open finance*, embora esse grupo venha diminuindo de tamanho rápido, na medida em que os serviços se mostram práticos e seguros. Contudo, não há problema em optar por adiar ou não usar o *open finance*. Podemos utilizar arquivos e extratos em vários formatos, dependendo do banco ou da administradora do cartão.

2. ESTABELECER AS METAS GERAIS DO *SPRINT* E REGISTRÁ-LAS NO *CANVAS PFP*

Nesta segunda tarefa, colocamos todas as nossas metas trimestrais no Canvas para garantir que tenhamos um registro extra para aquele esforço equivalente e equilibrado, que é a essência das *quatro bases*. No Canvas do Daniel estão inscritas as metas para o *ganhar mais, gastar bem, poupar certo* e *investir melhor*.

CANVAS PFP | *SPRINT FINANCEIRO* JAN-MAR/20XX PARA DANIEL

Ganhar mais	Gastar bem	Grupo 1 Manutenção	Grupo 2 Proteção	Grupo 3 Satisfação	Grupo 4 Realização
• Abrir empresa individual offshore em Delaware para receber proventos • Mentoria Linguagem Flutter/Dart	• Fazer seguro de vida • Acelerar pagto dívida • Reduzir gastos nas categorias marcadas em vermelho no Guia (delivery, diarista, super, presentes etc.)	Inicial: 28,6% Final: 23,1%	Inicial: 6,4% Final: 23,9%	Inicial: 23,8% Final: 21,5%	Inicial: 41,2% Final: 31,4%
Poupar certo • Finalizar o *sprint* com 40% de 1 renda mensal • Alocar em Independência Financeira 1 (Indef 1) • Iniciar projeto de viagem aos EUA para Flórida em 18 meses	**Investir melhor** • Iniciar carteira de curto prazo (Indef 1) • Iniciar carteira de médio prazo (viagem Flórida), diversificando em dólar	Objetivos Financeiros Grupo 1	Objetivos Financeiros Grupo 2 • Indef 1 (**Total:** ~9.500)	Objetivos Financeiros Grupo 3 • Viagem para Flórida em Jul/20XX (**Total:** ~31.000)	Objetivos Financeiros Grupo 4
Ativos (reservas financeiras) Inicial: _____ Final: _____ **Passivos (dívidas)** Inicial: _____ Final: _____				**Patrimônio líquido (reservas $)** Inicial: _____ Final: _____ **Patrimônio líquido (total)** Inicial: _____ Final: _____ **INDEF*** Inicial: _____ Final: _____ **IBEFi**** Inicial: _____ Final: _____	

* INDEF: Índice de Independência Financeira
** IBEFi: Índice de Bem-estar Financeiro
Método das 4 bases® | Planejamento Financeiro Pessoal (PFP)

Na sequência desse trabalho nas *quatro bases*, fixamos o percentual atual que estamos alocando em cada grupo de necessidades, conforme o levantamento que fizemos na tarefa anterior. Esses percentuais estão destacados em tom mais claro, na alocação "inicial", acima. Fixaremos, depois, a meta de alocação após o planejamento do *sprint*, voltando ao Canvas e inscrevendo essa meta na alocação "final". No exemplo do Daniel, ela está destacada em tom mais escuro.

3. CALCULAR E PLANEJAR OS APORTES PARA OS DIFERENTES OBJETIVOS FINANCEIROS, INCLUINDO O PAGAMENTO DE DÍVIDAS, CASO HAJA, CONFORME EXPLICADO NO PASSO 4 (CAPÍTULO 10)

Após Daniel fazer o seu exercício de RESET de objetivos, definiu que gostaria de levar o filho para uma viagem aos parques da Flórida, nos Estados Unidos. Seu orçamento indicou um custo aproximado de 31 mil unidades monetárias para uma viagem em julho do ano seguinte. Ou seja: um horizonte de médio prazo, equivalente a 18 meses. Daniel usou a calculadora de objetivos[65] para definir o valor mensal necessário.

No entanto, essa poupança mensal com valores iguais desde o princípio ficaria inviável nesse primeiro *sprint*, considerando a situação de estagnação dele. Ele tinha que buscar mais equilíbrio nos diferentes *grupos de necessidades*. Então recomendamos que ele começasse com um valor menor nesse *sprint* e, depois, já com um saldo inicial, fosse acelerando até chegar em um valor igual para todos os meses. Portanto, mais previsível. Você verá esses valores iniciais na tarefa 4, seguinte.

No tocante à dívida de empréstimo pessoal que possuía relativa às transações do grupo 4, contraídas no passado, recomendamos uma aceleração no pagamento para se beneficiar com um desconto nos juros. Com a quitação mais rápida dessa dívida, haveria mais espaço para poupança em *sprints* futuros.

4. ESTABELECER UM *TETO DE GASTOS* COM DIMINUIÇÃO GRADUAL PARA AS CATEGORIAS COM *INDICADOR BIT* MENORES (SENDO OS MENORES QUE 1 PRIORITÁRIOS) AO LONGO DO *SPRINT*, AUMENTANDO DE MODO GRADUAL A ALOCAÇÃO NOS OBJETIVOS FIXADOS NO PASSO 4

Agora vamos ter efetivamente uma visão global de como ficou o planejamento de Daniel em relação às suas alocações ao longo do *sprint*.

---

65 https://finan.to/calculadora

Comecemos pelo grupo 1. Além das categorias com BIT menor que 1, Daniel estava tão motivado a começar a investir em seus objetivos e crescer financeiramente que decidiu também fazer uma redução gradual nas despesas com a quantidade de dias que dispunha de serviços de limpeza no mês (categoria diarista).

Essa categoria não tinha um BIT menor do que 1 e estava em um grupo mais prioritário (grupo 1). Mas ela tinha um valor pequeno de BIT mesmo se comparada a outras categorias em outros grupos de necessidades, onde o peso era menor que o grupo da *manutenção*, conforme vimos quando falamos dos pesos. De fato, Daniel percebeu depois que o *indicador BIT* realmente funcionava, pois a redução pouco afetou o seu bem-estar.

Algo similar aconteceu com todas as demais categorias onde o BIT era menor do que 1 ou pequeno relativamente aos demais, principalmente naquelas categorias onde a soma das transações apresentava um valor significativo em relação à renda dele. Em todos os grupos de necessidades, essas categorias estão marcadas com uma pequena seta.

Segue um resumo do que foi feito no **grupo de necessidades 1**:

- Redução média de gastos de 10% em relação ao mês anterior nas categorias com BIT pequeno – aqui marcadas com as setas;
- A proporção de gastos planejada para o *grupo* 1 caiu de 28,6% para 23,1%.

	Grupo 1 | Manutenção	BIT	dez/xx Referência	jan/xx Planejado	Real	fev/xx Planejado	Real	mar/xx Planejado	Real
4	Bares e/ou restaurantes [G1] [G3] [G4]	7,1	175,69	175,69	0,00	175,69	0,00	175,69	0,00
5	Celular (conta e/ou aparelho) [G1]	10,0	64,48	64,48	0,00	64,48	0,00	64,48	0,00
7	Computador e complementos [G1] [G3] [G4]	40,0	45,00	45,00	0,00	45,00	0,00	45,00	0,00
9	Cortes de cabelo e/ou cuidados básicos [G1]	10,0	70,00	70,00	0,00	70,00	0,00	70,00	0,00

Grupo 1 | Manutenção		BIT	dez/xx Referência	jan/xx Planejado	Real	fev/xx Planejado	Real	mar/xx Planejado	Real
11	Delivery de comida e/ou bebidas [G1] [G3]	0,9	2.711,00	2.439,90	0,00	2.195,91	0,00	1.976,32	0,00
13	Diarista [G1] [G3]	2,2	1.800,00	1.620,00	0,00	1.458,00	0,00	1.312,20	0,00
19	Fundo para objetivos de curto prazo [G1] [G3] [G4]	N/A	0,00	0,00		0,00		0,00	
20	Fundo para objetivos de médio prazo [G1] [G3] [G4]	N/A	0,00	0,00		0,00		0,00	
21	Fundo para objetivos de longo prazo [G1] [G3] [G4]	N/A	0,00	0,00		0,00		0,00	
33	Pensão [G1] [G2] [G3] [G4]	20,0	2.025,00	2.025,00	0,00	2.025,00	0,00	2.025,00	0,00
39	Supermercado e/ou similares [G1]	0,7	1.372,00	1.234,80	0,00	1.111,32	0,00	1.000,19	0,00
	TOTAL GRUPO 1 ($)		8.263,17	7.674,87	0,00	7.145,40	0,00	6.668,88	0,00
	TOTAL GRUPO 1 (%)		28,6%	26,6%	0,00%	24,7%	0,00%	23,1%	0,00%

Segue um resumo do que foi feito no *grupo 2*:

• Contratação de um seguro de vida, em primeiro lugar, tendo em vista que Daniel possui um dependente principal, que é o filho, além de necessitar de proteções contra riscos de invalidez para ele próprio;

• Início de poupança para a primeira etapa da independência financeira, onde a meta é ter pelo menos o valor de uma renda mensal guardada para passar o mês seguinte, se necessário, começando a abandonar o clássico sintoma ruim de "viver de salário em salário", como se diz popularmente. Vemos na área destacada com o retângulo a evolução que resultaria em uma reserva de cerca de 40% da sua renda mensal no final desse *sprint*;

• A proporção de gastos planejada para o *grupo 2* subiu de meros **6,4%** para **23,9%** ao final do terceiro mês do ciclo.

Grupo 2 | Proteção	BIT	dez/xx Referência	jan/xx Planejado	Real	fev/xx Planejado	Real	mar/xx Planejado	Real
2	Indep. Financ. 1 (Salário/nível 1) [G2]	N/A	0,00	1.400,00	0,00	3.300,00	0,00	4.700,00	0,00
3	Indep. Financ. 2 (Emergência/nível 2) [G2]	N/A	0,00	-	0,00	-	0,00	-	0,00
4	Indep. Financ. 3 (Trabalho/nível 3) [G2]	N/A	0,00	-	0,00	-	0,00	-	0,00
5	Indep. Financ. 4 (Previdência/nível 4) [G2]	N/A	0,00	-	0,00	-	0,00	-	0,00
6	Pensão [G1] [G2] [G3] [G4]	15,0	675,00	675,00	0,00	675,00	0,00	675,00	0,00
7	Seguro de vida [G2]	30,0	0,00	370,00	0,00	370,00	0,00	370,00	0,00
8	Seguro/Plano de saúde [G2]	6,0	1.175,24	1.175,24	0,00	1.175,24	0,00	1.175,24	0,00
	TOTAL GRUPO 2 ($)		1.850,24	3.620,24	0,00	5.520,24	0,00	6.920,24	0,00
	TOTAL GRUPO 2 (%)		6,4%	12,5%	0,00%	19,1%	0,00%	23,9%	0,00%

Segue um resumo do que foi feito no **grupo de necessidades 3**, abaixo:

- Aqui temos uma redução gradual de cerca de 20% ao mês na categoria presentes. Itens em excesso nessa categoria, sobretudo para o filho, que ficou evidenciado com o BIT abaixo de 1;
- Início de poupança para o objetivo de médio prazo relativo à viagem com o filho para os Estados Unidos;
- A proporção de gastos planejada para o *grupo 3* caiu de **23,8%** para **21,5%** ao final do terceiro mês do ciclo. Nem sempre precisamos ou iremos subir o percentual em direção aos 25% referenciais. Esse percentual médio é apenas um norte, válido sobretudo para o *grupo de necessidades 2*, da *proteção*, como veremos no próximo capítulo.

Grupo 3 | Satisfação	BIT	dez/xx Referência	jan/xx Planejado	jan/xx Real	fev/xx Planejado	fev/xx Real	mar/xx Planejado	mar/xx Real
Academia e/ou esportes [G3]	5,8	725,41	725,41	0,00	725,41	0,00	725,41	0,00
Delivery de comida e/ou bebida [G1] [G3]	1,0	476,93	476,93	0,00	476,93	0,00	476,93	0,00
Fundo para objetivos de curto prazo [G1] [G3] [G4]	N/A	0,00	0,00	0,00	0,00	0,00	0,00	0,00
Fundo para objetivos de médio prazo [G1] [G3] [G4]	N/A	0,00	700,00	0,00	700,00	0,00	700,00	0,00
Fundo para objetivos de longo prazo [G1] [G3] [G4]	N/A	0,00	0,00	0,00	0,00	0,00	0,00	0,00
Hospedagens [G3]	11,5	200,91	200,91	0,00	200,91	0,00	200,91	0,00
Outras saídas [G1] [G3] [G4]	4,6	27,00	27,00	0,00	27,00	0,00	27,00	0,00
Passagem aérea [G3] [G4]	4,6	349,28	349,28	0,00	349,28	0,00	349,28	0,00
Pensão [G1] [G2] [G3] [G4]	11,5	2.025,00	2.025,00	0,00	2.025,00	0,00	2.025,00	0,00
Cuidados pessoais [G3]	5,2	110,33	110,33	0,00	110,33	0,00	110,33	0,00
Presentes [G3]	0,8	2.750,27	2.200,22	0,00	1.760,17	0,00	1.408,14	0,00
Streaming e/ou apps e/ou livros (lazer) [G3]	4,4	75,70	75,70	0,00	75,70	0,00	75,70	0,00
Táxi e/ou Uber [G1] [G3] [G4]	1,0	129,25	129,25	0,00	129,25	0,00	129,25	0,00
TOTAL GRUPO 3 ($)		6.870,08	7.020,03	0,00	6.578,98	0,00	6.227,95	0,00
TOTAL GRUPO 3 (%)		23,8%	24,3%	0,00%	22,8%	0,00%	21,5%	0,00%

Agora segue o resumo do que foi feito no **grupo de necessidades 4**:

- Aqui temos uma redução gradual de cerca de 25% ao mês respectivamente nas categorias cursos e negócio próprio. Nas doações, onde era alocado o plano de saúde dos pais, que Daniel ajudava a pagar, a redução não seguiu esse percentual justamente para preservar integralmente esse apoio a eles;
- Uma aceleração no pagamento de dívidas contraídas em transações relativas a esse grupo, justamente para obter desconto nos juros, que era atrativo. Nesse sentido, cabe destacar que a separação das dívidas entre os grupos deve ser feita, sempre que for possível, até para que se priorize os pagamentos de alguns tipos de dívidas em casos mais extremos de endividamento. Em caso de empréstimos que foram usados para pagar transações de todos os grupos, pode ser feita uma simples divisão linear;
- A proporção de gastos planejada para o *grupo 4* caiu de **41,2%** para **31,4%** ao final do terceiro mês do ciclo.

Grupo 4 | Realização		BIT	dez/xx Referência	jan/xx Planejado	Real	fev/xx Planejado	Real	mar/xx Planejado	Real
2	Créditos diversos e dívidas [G1] [G2] [G3] [G4]	N/A	1.774,46	2.000,00	0,00	2.300,00	0,00	2.600,00	0,00
3	Computador e complementos [G1] [G3] [G4]	5,0	609,79	609,79	0,00	609,79	0,00	609,79	0,00
4	Cursos [G4]	0,7	3.653,05	2.739,79	0,00	2.054,84	0,00	1.541,13	0,00
6	Doações [G4]	1,4	1.464,15	1.464,15	0,00	1.317,74	0,00	1.185,96	0,00
10	Fundo para objetivos de curto prazo [G1] [G3] [G4]	N/A	0,00	0,00	0,00	0,00	0,00	0,00	0,00
	Fundo para objetivos de médio prazo [G1] [G3] [G4]	N/A	0,00	0,00	0,00	0,00	0,00	0,00	0,00

Grupo 4 | Realização		BIT	dez/xx Referência	jan/xx Planejado	Real	fev/xx Planejado	Real	mar/xx Planejado	Real
	Fundo para objetivos de longo prazo [G1] [G3] [G4]	N/A	0,00	0,00	0,00	0,00	0,00	0,00	0,00
11	Periódicos Informativos [G4]	1,4	106,70	106,70	0,00	106,70	0,00	106,70	0,00
13	Livros [G4]	2,3	47,00	47,00	0,00	47,00	0,00	47,00	0,00
17	Negócio próprio (Pré-Operac.) [G4]	0,2	2.204,68	1.653,51	0,00	1.240,13	0,00	930,10	0,00
22	Pensão [G1] [G2] [G3] [G4]	10,0	2.025,00	2.025,00	0,00	2.025,00	0,00	2.025,00	0,00
27	Streaming e/ou apps educacionais [G4]	8,0	29,50	29,50	0,00	29,50	0,00	29,50	0,00
	TOTAL GRUPO 4 ($)		11.914,33	10.675,44	0,00	9.730,70	0,00	9.075,18	0,00
	TOTAL GRUPO 4 (%)		41,2%	36,9%	0,00%	33,7%	0,00%	31,4%	0,00%
	TOTAL GERAL DE SAÍDAS ($)		28.898	28.991	0,00	28.976	0,00	28.892	0,00
	TOTAL GERAL DE SAÍDAS (%)		100,0%	100,3%	0,00%	100,3%	0,00%	100,0%	0,00%

5. FAZER A ALOCAÇÃO PRIORITÁRIA NESSES OBJETIVOS LOGO NO INÍCIO DO MÊS E MONITORAR O CUMPRIMENTO DOS *TETOS DE GASTOS* NAQUELAS CATEGORIAS ONDE IRÁ REDUZIR, BEM COMO DAS METAS GERAIS ESTABELECIDAS NO CANVAS

Nossa última tarefa, como não poderia deixar de ser, é executar o que foi planejado, passando a considerar os valores ali estabelecidos como um **teto de gastos**. Para quem já passou por diversos *sprints*, os depoimentos são muito parecidos no sentido de que a atenção maior deve ficar com os tetos de gastos daquelas categorias que estamos buscando reduzir. As demais já se encontram no automático. Isso facilita o controle com uma simples contabilidade mental.

Nos primeiros *sprints*, no entanto, é importante que se registrem todas as transações, categorias e seus respectivos grupos para que esse processo seja consolidado e automatizado dentro da divisão *instintiva* do *cérebro financeiro*. Com a ajuda da tecnologia e de plataformas de finanças como a nossa, certamente podemos fazer esse processo de acompanhamento do que foi realizado de maneira automatizada. Quando as despesas em uma determinada categoria se aproxima de um valor pré-estabelecido, podem ser disparados avisos por e-mail, mensagem de texto ou WhatsApp.

Em relação à poupança para as etapas da independência financeira e para os demais objetivos de curto, médio e longo prazo, vale a regra de ouro: sempre os separe e os invista imediatamente, antes mesmo de começar a pagar as contas. Isso tende a reforçar nosso compromisso em cumprir os *tetos de gastos*.

Com o *sprint financeiro* devidamente alinhado dentro de um ciclo trimestral, temos o nosso primeiro *plano financeiro personalizado* praticamente concluído em menos do que 30 dias. Mas antes de seguir para uma eventual aceleração, há ainda alguns indicadores e conceitos-chave que precisamos abordar. É o que veremos agora.

PRINCIPAIS INDICADORES DO *SPRINT*

Além de acompanhar as entradas, saídas e metas do seu *sprint*, é fundamental que você também monitore alguns indicadores mais abrangentes, que ajudam a medir o progresso. São eles que vão mostrar se as finanças estão fortes ou se há algum ponto de atenção que precisa ser tratado com mais cuidado.

CANVAS PFP | *SPRINT FINANCEIRO* JAN-MAR/20XX PARA DANIEL

Ativos (reservas financeiras)	Patrimônio líquido (reservas $)
Inicial: _____ Final: _____	Inicial: _____ Final: _____
Passivos (dívidas)	**Patrimônio líquido (total)**
Inicial: _____ Final: _____	Inicial: _____ Final: _____
	INDEF*
	Inicial: _____ Final: _____
	IBEFi*
	Inicial: _____ Final: _____

* INDEF: Índice de Independência Financeira
** IBEFi: Índice de Bem-estar Financeiro
Método das 4 bases® | Planejamento Financeiro Pessoal (PFP)

Além de acompanhar as entradas, saídas e metas do seu *sprint*, é fundamental também monitorar alguns indicadores mais abrangentes, que ajudam a medir o progresso. São eles que vão mostrar se as finanças estão fortes ou se há algum ponto de atenção que precisa ser tratado com mais cuidado. Com as metas em cada base, anotadas no lado esquerdo superior, o primeiro valor a ser registrado para acompanhamento no Canvas diz respeito às reservas financeiras, logo abaixo. No caso do Daniel, omitimos esses indicadores deixando-os em branco porque, em sua maioria, ainda eram pequenos nesse primeiro *sprint*.

Além disso, esses grandes índices demoram mais de um ciclo para serem alterados de modo significativo, obviamente, a não ser pela força do acaso (recebimento de heranças, prêmios de loterias etc.) Apesar disso, examinemos agora como é a dinâmica deles.

Uma das principais metas de qualquer *sprint financeiro* deve ser construir e fortalecer suas reservas, alocadas preferencialmente em ativos mobiliários, que possam ser negociados no mercado financeiro com valorização e liquidez mensuráveis. Bens imóveis não estão proibidos, é claro, mas as reservas destinadas às diferentes etapas da independência financeira e aos objetivos específicos de curto, médio e longo prazo estarão sempre mais acessíveis se estiverem em aplicações nos mercados financeiros nacional e internacional, ou no mercado cripto.

No lado esquerdo, registramos ainda os nossos demais ativos, incluindo imóveis para investimento ou residência, automóveis e demais bens.

Afinal, embora fora das negociações mais certas e líquidas inerentes ao mercado financeiro, eles também formam o patrimônio. Por fim, registramos, também no lado direito, os passivos.

Do lado direito, temos indicadores de patrimônio líquido considerando apenas as reservas financeiras e depois o patrimônio como um todo. Esse patrimônio líquido é dado pela soma do valor de todos os ativos (como investimentos, imóveis, veículos etc.), subtraindo o total dos passivos (como financiamentos, empréstimos, faturas em aberto). O número resultante é o retrato do seu "saldo" financeiro total neste momento.

Acompanhar a evolução do patrimônio líquido ao longo do tempo é essencial para saber se você está de fato progredindo em direção aos seus objetivos. Se esse indicador estiver crescendo de maneira consistente, significa que você está acumulando mais do que gastando, que é exatamente um dos nossos principais objetivos com este trabalho.

Outro sinal que merece toda a sua atenção é o seu Índice de Independência Financeira (INDEF). Ele indica o quanto você já caminhou em direção à tão sonhada independência financeira, medida pela relação entre suas reservas e investimentos e o total necessário para viver de renda passiva pelo resto da vida, que fixamos em cerca de trezentos salários ou rendas atuais.

Quanto mais próximo de 100%, mais perto você está de viver fazendo apenas o que lhe faz feliz e realizado. Para a maioria das pessoas, chegar a esse ponto leva tempo e exige muita disciplina. Mas acompanhar a evolução do INDEF ao longo dos *sprints* é uma forma muito concreta de mensurar seu progresso e se manter motivado nessa jornada. Cada ponto percentual conquistado é uma vitória e merece ser celebrado.

Por fim, não poderíamos deixar de falar do Índice de Bem-Estar Financeiro (IBEFi), que já conhecemos desde o **Capítulo 2**. O IBEFi é calculado a partir de um questionário que avalia diversos aspectos da sua vida financeira, que já mostramos.

Acompanhar a evolução do seu IBEFi ao longo dos *sprints* é uma ótima forma de avaliar se as mudanças que você está fazendo estão de fato melhorando seu bem-estar financeiro como um todo. Às vezes, podemos até atingir nossas metas financeiras mais complexas, mas se isso vier ao custo de nossa saúde física e mental, será que valeu mesmo a pena?

Portanto, durante seu *sprint*, fique de olho nesses sinais do seu Canvas: Patrimônio Líquido, Reservas Financeiras, INDEF e IBEFi. Veja, na prática, os *sprints* de Camila, Daniel e Sofia ao longo de um ano acessando o link: https://finan.to/kit4bases.

RESUMO DAS AÇÕES NO PASSO 6 (Dias 8 a 28 de 30)

- Preencher seu Canvas PFP: use essa ferramenta para ter uma visão geral de sua situação atual e definir suas metas e estratégias para o *sprint*. Pense nela como o mapa da sua jornada rumo à independência financeira.

- Categorizar suas entradas e saídas: separe todas as suas movimentações financeiras nos grandes grupos de saídas financeiras (*manutenção*, *proteção*, *satisfação* e *realização*) e analise se a distribuição está equilibrada e alinhada aos seus objetivos.

- Aplicar o *indicador BIT*: para cada categoria de gastos, avalie seu Benefício (o quanto ela agrega à sua vida), seu Impacto (quantas pessoas são afetadas por ela) e sua Transação (frequência de ocorrência). Use essa análise para identificar oportunidades de economia sem comprometer seu bem-estar.

- Acompanhar a evolução do Canvas: fique de olho na evolução do seu Patrimônio Líquido, de suas Reservas, do seus Nível de Endividamento, seu INDEF e seu IBEFi ao longo do *sprint*. Ele é o painel de controle de sua vida financeira, que você pode fazer até em uma folha em branco.

13.
ACELERANDO OBJETIVOS (PASSO 7)

Vimos como os riscos proporcionados pela *síndrome do plano* podem desafiar nossa estabilidade financeira. Com isso, a busca por um grau cada vez maior de independência financeira (o nosso INDEF) se torna mais do que um sonho: é uma necessidade. Por isso, devemos valorizar o grupo da *proteção* tanto quanto os demais.

Mas a independência financeira não é o único objetivo que importa. Dentro de cada um desses demais grupos de necessidades – *manutenção*, *satisfação* e *realização* – existem metas específicas que contribuem para nossa felicidade e realização pessoal. Viagens inesquecíveis, compra da casa própria ou a abertura do próprio negócio dão cor e significado à nossa jornada financeira.

O desafio, no entanto, é encontrar o equilíbrio. Como acelerar a conquista desses objetivos variados sem sacrificar a qualidade de vida e o bem-estar financeiro no presente? É aí que o **Método das 4 Bases**® se destaca, oferecendo uma abordagem flexível e personalizada para conduzir nossa jornada financeira.

Neste penúltimo passo dos trinta dias do **Método das 4 Bases**®, vamos explorar estratégias poderosas para turbinar nosso progresso.

A VELOCIDADE COM O MOTOR DAS *QUATRO BASES*

Lembra-se da comparação que fizemos anteriormente, relacionando as *quatro bases* a um motor potente? Pois bem, chegou a hora de pisar fundo no acelerador e ver a transformação acontecer.

Ganhar mais, gastar bem, poupar certo e *investir melhor* são os pistões desse motor, trabalhando em sincronia para impulsionar você em direção aos seus objetivos financeiros. E o melhor de tudo é que, com a ajuda do **Método das 4 Bases®**, você poderá assumir o controle desse motor em apenas trinta dias.

Imagine que, a partir de agora, no dia 29 do seu desafio, já em pleno *sprint*, você tenha criado as condições necessárias para programar seu crescimento de maneira consistente e sustentável. E se, neste penúltimo dia, eu dissesse para você que a chave para essa aceleração está em um número bem fundamentado e definido: 25%.

Ou seja: ao destinar cerca de 25% de sua renda líquida mensal ao *grupo de necessidades* de *proteção*, você estabelece um ritmo de crescimento financeiro equivalente a uma renda mensal a cada dois ciclos trimestrais de *sprints*, aproximadamente. É como adicionar um turbo ao seu motor, permitindo que você avance nas etapas da independência financeira de modo mais rápido e eficiente.

Dito de outra forma, mesmo se você não se mantiver ao redor dos 25% dos demais *grupos de necessidades*, mas conseguir fazer isso pelo menos no grupo da *Proteção*, será uma grande vitória em prol dessa aceleração.

Claro, é importante lembrar que, dentro desses 25%, uma parte deve ser dedicada a seguros pessoais, como saúde e vida. Mas, considerando que esses seguros geralmente consomem entre 7% e 10% da renda, ainda sobram entre 15% e 18% para serem alocados diretamente nas diferentes etapas da sua independência financeira. Se estiver em uma relação empregado-empregador, você poderá, ainda, contar com o custeio de parte dessas proteções na forma de benefícios, o que dará combustível extra para sua aceleração.

E o resultado dessa alocação estratégica é impressionante: em apenas seis meses, você pode conquistar a primeira etapa da independência, que é ter o equivalente a uma renda mensal economizada. Isso significa não precisar mais contar os dias até o próximo salário, pois você terá uma reserva para cobrir seus custos independentemente de quando a remuneração chegar.

É o que chamam nos Estados Unidos de "envelhecer o dinheiro". Quanto mais "antigo" é o dinheiro que você usa, considerando o tempo decorrido desde que você o recebeu, melhor para suas finanças, pois mais folgado você está em relação ao dinheiro.

Mas as conquistas não param por aí. Conforme avançamos nos ciclos de *sprints financeiros*, as etapas subsequentes da independência financeira se tornam cada vez mais tangíveis. Primeiro juntamos o equivalente a uma renda em reserva, depois cuidamos dos imprevistos, e assim então nos preparamos para uma eventual transição de carreira até atingir o último montante, que é o da aposentadoria, tal como vimos no **Capítulo 10**.

Certamente não alcançaremos esses marcos no primeiro *sprint*, ou mesmo nos próximos ciclos. Mais importante é ter a meta clara em mente e saber que, com a consistência e a disciplina proporcionadas pelo **Método das 4 Bases®**, você está no caminho certo para torná-la realidade.

FIRE x *FINE*: ENCONTRANDO O EQUILÍBRIO IDEAL

Diante do aumento da longevidade e do iminente colapso dos sistemas estatais de previdência, a necessidade de poupar e investir para o futuro se tornou mais urgente do que nunca. É natural que, nesse contexto, muitas pessoas desejem acelerar ao máximo sua jornada rumo à independência financeira total.

Surgiu, então, o movimento **FIRE** (*Financial Independence, Retire Early*), que propõe uma abordagem agressiva de economias e investimentos, com o objetivo de antecipar a aposentadoria. Os adeptos do FIRE estão dispostos a fazer sacrifícios significativos em seu estilo de vida atual em prol de uma liberdade financeira precoce.

Embora a abordagem possa funcionar para alguns, ela também traz riscos e desafios. Afinal, de que adianta conquistar a independência financeira se, para isso, você precisa renunciar a experiências valiosas e do equilíbrio entre trabalho e vida pessoal?

É aí que entra o conceito FINE (*Financial Independence, Never Exceed*), proposto pelo **Método das 4 Bases®**. Em vez de buscar a independência financeira a qualquer custo, o **FINE** defende um equilíbrio entre a conquista desse objetivo e a manutenção de uma vida plena e significativa durante o processo.

A ideia é encontrar um ponto ideal entre a velocidade e a satisfação pessoal, acelerando a jornada financeira sem exceder os próprios limites e comprometer o bem-estar. Afinal, a vida é feita de fases e objetivos variados, e o que pode ser adequado para alguém aos 20 anos pode não fazer sentido aos 40 ou 60 anos.

Com o **FINE**, você tem a flexibilidade para ajustar seu plano financeiro de acordo com suas necessidades e desejos em cada etapa da vida. Seja para viajar e conhecer outras culturas, empreender ou simplesmente desfrutar mais tempo com a família, o importante é encontrar um ritmo sustentável e alinhado com seus valores. Lembre-se de que a independência financeira não é um destino, mas um caminho de autoconhecimento e realização pessoal. Ao adotar a abordagem equilibrada do **FINE**, você construirá uma base sólida para o futuro sem deixar de viver o presente da melhor forma possível.

A PREPARAÇÃO PARA TRABALHAR MAIS

A palavra "trabalho" carrega em sua origem uma conotação de sofrimento e tortura, refletindo a "desutilidade" que os humanos associam às atividades laborais. Afinal, em condições normais, preferimos desfrutar do lazer em vez de cumprir obrigações profissionais.

No entanto, é inegável que o trabalho é a maior fonte de propósito, realização pessoal e impacto positivo na sociedade. Além disso, ele é indispensável para a geração de renda e para a melhoria constante do bem-estar financeiro, especialmente para a base do *ganhar mais*.

O segredo está em encontrar um equilíbrio entre a dedicação ao trabalho e a realização de sonhos pessoais, sem necessariamente esperar pela aposentadoria. E uma das estratégias mais eficazes para alcançar esse equilíbrio são os sabáticos estratégicos. Os sabáticos estratégicos são períodos planejados de pausa no trabalho, dedicados a atividades que contribuem para o crescimento pessoal e profissional. Podem ser momentos para estudar, viajar, se preparar para uma nova carreira, impulsionar um negócio próprio ou simplesmente recarregar as energias.

Alguns profissionais ao redor do mundo já estão experimentando o que muitos apontam como uma tendência: a diminuição do período tradicional de "aposentadoria" pós-trabalho, substituída pela inserção de múltiplos sabáticos ao longo da carreira, como se fossem "miniaposentadorias". Essa abordagem permite que as pessoas desfrutem dos resultados do seu trabalho de maneira mais distribuída, em vez de adiarem todas as recompensas para o final da vida. Além disso, os sabáticos podem ser oportunidades valiosas para adquirir novas habilidades, ampliar a rede de contatos e até mesmo explorar novos caminhos profissionais.

Mas, independentemente de como será o futuro do trabalho, o mais importante é que você esteja preparado para qualquer cenário. E é exatamente isto que o **Método das 4 Bases**® proporciona: uma base sólida e flexível para que você possa moldar sua realidade financeira de acordo com seus sonhos e aspirações.

Ao implantar o método em apenas trinta dias, você criará as condições necessárias para trabalhar mais, se assim desejar, ou para desfrutar de pausas estratégicas sem comprometer sua segurança financeira. O poder de escolha estará em suas mãos, e você terá a tranquilidade de saber que está no controle da sua trajetória rumo à independência e realização pessoal.

LIBERANDO MAIS RECURSOS PARA SEUS OBJETIVOS

Ao longo do uso do **Método das 4 Bases**®, nos familiarizamos com o *indicador BIT*, uma ferramenta poderosa para avaliar e priorizar os gastos de acordo com o valor que eles agregam à sua vida. Com já mencionado, a aplicação do *indicador BIT* deve ser feita às despesas e *saídas financeiras* do dia a dia, exceto dívidas e quaisquer outros objetivos financeiros. Ele permite que você sempre identifique oportunidades de realocação para deixar recursos mais livres para sua jornada de independência e para seus objetivos, sem precisar renunciar ao que realmente importa. Em vez de se sentir culpado por cada centavo gasto, você terá a clareza e a confiança para direcionar seu dinheiro de maneira estratégica e alinhada a seus valores.

Quando se trata de acelerar objetivos, é importante lembrar de se preparar para despesas, faturas ou gastos que chegam uma vez por ano, em volume relativamente elevado, podendo corroer nossas reservas. O fundo para objetivos de curto prazo pode ser uma forma de se antecipar a essas despesas (presentes de final de ano, impostos etc.), guardando nele o equivalente mensal àquela despesa de periodicidade anual, semestral ou trimestral, seja ela uma de valor certo ou estimado.

E, por fim, não se esqueça do papel fundamental da dimensão *motivacional* do *cérebro financeiro* nesse processo. Quando você tem um objetivo claro e significativo em mente, seu cérebro libera uma dose extra de dopamina, o neurotransmissor responsável pela sensação de prazer e recompensa. Essa descarga de motivação é um combustível poderoso, impulsionando você a fazer as escolhas certas e persistir no caminho rumo às suas conquistas.

Portanto, ao calibrar seus objetivos específicos com o *indicador BIT*, você não está apenas otimizando suas finanças, mas alimentando seu cérebro com a motivação necessária para transformar sonhos em realidade. Cada passo dado em direção a uma meta bem definida é uma pequena vitória, um reforço positivo que mantém o ciclo virtuoso da realização em movimento.

Então, não tenha medo de sonhar grande e usar o *indicador BIT* para dar forma e direção a esses sonhos.

RESUMO DAS AÇÕES NO PASSO 7 (Dia 29 de 30)

- Destine 25% da sua renda líquida mensal ao grupo de necessidades de proteção: essa alocação estratégica permite estabelecer um ritmo de crescimento financeiro acelerado, equivalente a uma renda mensal a cada dois ciclos de *sprints*. Conquistar as etapas da independência financeira de modo mais rápido traz uma sensação de segurança e liberdade, permitindo que você desfrute do presente sem se preocupar com o futuro. Para isso, separe entre 7% e 10% para seguros pessoais e aloque os 15% a 18% restantes diretamente nas diferentes etapas da sua independência financeira.

- Encontre o equilíbrio ideal entre a abordagem FIRE e **FINE**: enquanto o FIRE propõe uma aceleração agressiva rumo à independência financeira, o FINE defende um equilíbrio entre velocidade e satisfação pessoal. Adapte seu *plano financeiro personalizado* às suas necessidades e desejos em cada fase da vida, encontrando um ritmo sustentável e alinhado com seus valores. Avalie regularmente suas metas e ajuste sua estratégia conforme necessário, sempre buscando o ponto ideal entre eficiência e bem-estar.

- Considere a possibilidade de sabáticos estratégicos: sabáticos planejados podem ser oportunidades valiosas para adquirir novas habilidades, ampliar a rede de contatos e explorar novos caminhos profissionais. Essas pausas permitem que você aproveite os frutos do seu trabalho de maneira mais distribuída, em vez de adiar todas as recompensas para o final da vida. Planeje e reserve recursos para seus sabáticos, alinhando-os com seus objetivos de curto, médio e longo prazo.

- Libere mais recursos para seus objetivos usando o *indicador BIT* e abasteça o fundo de objetivos de curto prazo para fazer frente a despesas que ocorrem uma vez por ano (como presentes de aniversário e impostos), e assim não precisar dispor de suas reservas contra imprevistos reais.

14.
EVOLUINDO O PLANO (PASSO 8)

Chegamos ao 30º dia do nosso desafio, um marco significativo em nossa missão de silenciar a *síndrome do plano*, entrando na rota do controle, do crescimento e do bem-estar financeiros. Na nossa jornada, é claro que os caminhos são imprevisíveis e repletos de surpresas. Altos e baixos, conquistas e desafios, tudo faz parte dessa aventura que chamamos de existência. E é justamente nos momentos de incerteza que precisamos de um guia confiável, um mapa para nos orientar em meio ao terreno desconhecido.

Ao longo desse percurso, vimos como o seu *plano financeiro personalizado* é o seu GPS poderoso e confiável nessa jornada, e o **Método das 4 Bases**® é o motor potente que impulsiona este veículo que leva você a bordo. Mas como todo bom guia, seu plano precisa ser atualizado conforme as condições do trajeto se transformam. Afinal, a vida é dinâmica e nossos objetivos e prioridades podem mudar com o tempo. O *plano financeiro personalizado* tornará mais fácil o processo de recalcular o trajeto em função dessas mudanças nos objetivos.

Neste capítulo, vamos desvendar como evoluir e adaptar o seu *plano financeiro personalizado* para que ele continue sendo seu aliado fiel em todas as etapas da vida. Descobriremos como unir os três níveis do plano financeiro em uma estratégia coesa e flexível, capaz de se ajustar às reviravoltas do destino. Aprenderemos a revisitar e usar a *técnica RESET* para avaliar a viabilidade dos objetivos e fazer escolhas alinhadas com a nossa realidade financeira. Afinal, queremos transformar sonhos em metas alcançáveis.

Também veremos como o **Método das 4 Bases**® se conecta aos sete componentes clássicos do planejamento financeiro, oferecendo uma abordagem completa. Com essa visão abrangente, você estará preparado para enfrentar os múltiplos aspectos da sua vida financeira de maneira integrada.

Então prepare-se para elevar o seu plano financeiro a um novo patamar e ficar sempre um passo à frente nas conquistas e desafios que a vida reserva. Com o plano financeiro sempre atualizado como guia, você terá condições de navegar com confiança, não importa o que o futuro lhe reserve.

UNINDO OS TRÊS NÍVEIS DO
PLANO FINANCEIRO PERSONALIZADO

O *plano financeiro personalizado* é uma estratégia abrangente e adaptável, capaz de guiar você em direção à prosperidade e à realização dos seus objetivos. Para entender a estrutura desse plano, é essencial relembrar os três níveis que o compõem: o *plano essencial*, o *plano complementar* e o *plano individual*, conforme já vimos em capítulos anteriores e detalharemos melhor a seguir.

O PLANO ESSENCIAL

- Formado pelas *quatro bases* universais e atemporais: *ganhar, gastar, poupar* e *investir,* empregando sempre um esforço para executar cada base do melhor modo possível, ainda de que de maneira intuitiva.
- Condição essencial para a prosperidade financeira, independentemente da época ou do lugar.
- Serve como alicerce para a construção de um futuro financeiro próspero para pessoas e famílias, além de sociedades inteiras.

O PLANO COMPLEMENTAR

- Composto por técnicas e ferramentas que viabilizam a execução equilibrada das *quatro bases* através do nosso *ganhe mais, gaste bem, poupe certo* e *invista melhor*.
- Precisa haver um esforço equivalente em cada uma dessas bases.
- Com isso, temos a estrutura necessária para colocar o *plano essencial* em prática de modo eficiente, protegendo-nos da *síndrome do plano*.

O PLANO INDIVIDUAL

- Constituído pelos objetivos e metas específicos de cada pessoa ou família.
- Reflete a personalidade, os valores e os sonhos únicos de cada indivíduo. A divisão *comportamental* do cérebro financeiro dá o tom.
- Além disso, provê sentido e propósito ao *plano essencial* e ao *plano complementar*, direcionando-os para a realização das aspirações pessoais.

A verdadeira arte do planejamento financeiro está em integrar esses três níveis em uma estratégia coesa e flexível. Quando o *plano essencial*, o *plano complementar* e o *plano individual* estão em harmonia, o resultado é um *plano financeiro personalizado* poderoso e adaptável diante das inevitáveis mudanças da vida. Significa que o plano financeiro deixa de ser um documento rígido e passa a ser um guia dinâmico, pronto para evoluir junto com você e suas circunstâncias.

NECESSIDADE OU DESEJO: A *TÉCNICA RESET* PARA REAVALIAR OBJETIVOS

A vida é muito dinâmica e muitas vezes mudamos de ideia no meio do caminho. Já vimos que a *técnica RESET* é uma ferramenta eficaz para reavaliar cada objetivo específico dentro dos grupos de necessidades: *manutenção, proteção, satisfação* e *realização*. Como já sabemos, a palavra é um acrônimo que representa cinco critérios fundamentais: Relevante, Estimável, Suportável, Específico e Temporal. Ao aplicar esses critérios aos nossos objetivos, podemos ter uma visão mais clara e realista do que vale a pena perseguir. Primeiro, nos perguntamos se o objetivo é realmente relevante para nossa vida e nossos valores. Depois, avaliamos se é possível estimar o custo e o prazo necessários para alcançá-lo.

Em seguida, verificamos se esse custo é suportável dentro da nossa realidade financeira atual e futura. Também nos certificamos de que o objetivo é específico o suficiente para ser mensurável e alcançável. E, por fim, definimos um horizonte temporal realista para sua concretização.

Ao passar nossos objetivos pela *técnica RESET*, podemos ter uma visão mais nítida do que é **necessidade** e do que pode ser classificado, naquele momento, como **desejo**. E aqui vale uma reflexão importante: a viabilidade financeira é o que separa necessidade de desejos. Porque, como aprendemos com a ciência comportamental, todo desejo pode ser convertido em necessidade, desde que haja planejamento e ação.

Justamente pelo fato de necessidades serem ilimitadas, a partir dos múltiplos desejos que podemos ter, a ciência econômica surge para nos apoiar na alocação de recursos limitados, ajudando-nos a eleger prioridades diante dessa miríade de fins alternativos.

A raiz do termo economia,[66] inclusive, não está ligada a coisas "macro" como o PIB[67] ou índices de preços gerais, mas à "boa administração da casa", que implica fazer boas escolhas com nossos recursos financeiros, os quais sempre serão escassos se comparados a este mundo de possibilidades. Escolhas que garantam nosso bem-estar financeiro, até porque faz parte da natureza humana querer ampliar as possibilidades de escolha com o tempo.

Uma necessidade não é apenas algo que queremos muito, mas algo que podemos bancar sem comprometer nossa saúde financeira. Já um desejo, por mais nobre que seja, pode se tornar um fardo se estiver além das nossas possibilidades.

Portanto, a *técnica RESET* não é uma camisa de força que nos impede de sonhar, mas sim um assistente de escolhas que nos ajuda a sonhar com os pés no chão. Ela permite adaptar nosso *plano financeiro* de maneira periódica, alinhando nossos objetivos com nossa capacidade de realizá-los.

Ao reavaliar regularmente nossas metas sob a ótica do *RESET*, podemos fazer escolhas mais conscientes e sustentáveis. Podemos revisitar nossas *saídas financeiras*, realizando novos ajustes graduais nos próximos ciclos, direcionando nossos recursos para o que realmente faz diferença, sem nos perder em fantasias inatingíveis.

---

66 NOGUEIRA, S. Você sabe qual é a origem da palavra economia?. G1, 20 mar. 2013. Disponível em: https://g1.globo.com/educacao/blog/dicas-de-portugues/post/voce-sabe-qual-e-a-origem-da-palavra-economia.html. Acesso em: 28 maio 2024.

67 Os indicadores econômicos "macro", da macroeconomia, são PIB, inflação, taxa de juros, câmbio, consumo e desemprego (N.E.).

É importante reforçar que um plano financeiro não é uma prisão, mas um mapa que nos guia em direção aos nossos sonhos mais autênticos e realizáveis. E a técnica RESET é a chave para manter esse mapa sempre atualizado e coerente com nossa realidade em constante mudança.

CONECTANDO AS QUATRO BASES AOS COMPONENTES DO PFP

Nesta missão de evoluir nosso plano financeiro ao longo tempo, é importante saber que o **Método das 4 Bases®** não é um planeta isolado no universo das finanças pessoais, mas uma fonte de luz que ilumina todas as outras dimensões da vida financeira. E uma das formas mais poderosas de perceber essa conexão é através dos sete componentes clássicos do planejamento financeiro pessoal (PFP), estabelecidos por um consenso que foi sendo construído ao longo das últimas décadas em muitos países do mundo.

Conexão das **4 bases** com os componentes do **Planejamento Financeiro Pessoal (PFP)**	Ganhar mais	Gastar bem	Poupar certo	Investir melhor
1. **Gestão financeira** (fluxo de caixa, orçamento e balanço patrimonial)	■	■	■	■
2. **Gestão de riscos** (reserva de emergência, seguros e proteções)		■	■	■
3. **Planejamento de objetivos** (independência financeira, projetos e sonhos)			■	■
4. **Gestão de ativos** (modalidades de investimento)				■
5. **Gestão de crédito** (empréstimos e financiamentos)		■		
6. **Planejamento tributário** (economia de impostos)	■			■
7. **Planejamento sucessório** (herança e legado)			■	

Muitos desses componentes têm suas especificidades em cada país, mas os princípios são similares. O primeiro componente é a gestão financeira, que é o coração pulsante de todo o plano. É aqui que as *quatro bases – ganhar mais, gastar bem, poupar certo* e *investir melhor* – encontram sua expressão mais concreta e cotidiana. Sem uma gestão financeira eficiente, alinhada com as *quatro bases*, todo o sistema fica comprometido.

O segundo componente é a gestão de riscos, que é como o sistema imunológico do nosso corpo financeiro. Ela nos protege contra imprevistos e ameaças que podem prejudicar nosso patrimônio e nossa capacidade de geração de renda.

O terceiro componente é o planejamento de aposentadoria, que nos conduz em direção à independência financeira definitiva. E assim seguimos, percorrendo cada um dos sete componentes – planejamento tributário, planejamento sucessório, gestão de investimentos e planejamento financeiro – e percebendo como o **Método das 4 Bases**® está intimamente conectado a todos eles.

Na verdade, o **Método das 4 Bases**® é como um fio condutor que perpassa e integra todos esses componentes. Ele oferece um guia prático e completo para navegar em cada uma dessas áreas, sempre com o objetivo de construir uma vida financeira próspera e equilibrada.

Portanto, ao adotar o **Método das 4 Bases**®, você não está apenas cuidando de um aspecto isolado das suas finanças, mas abraçando uma abordagem holística e abrangente. Você está construindo um plano financeiro integrado, capaz de gerar os resultados significativos que você viu até agora.

Então, vamos percorrer cada um dos sete componentes para podermos estabelecer a relação entre eles e as *quatro bases*, conforme demonstrado no diagrama acima e mais do que isso: mostrar como seu *plano financeiro personalizado* deve ser dinâmico e incluir outras variáveis conforme vamos evoluindo:

1. *Gestão Financeira*

    Envolve a administração do fluxo de caixa, balanço patrimonial pessoal e a adoção de práticas financeiras saudáveis, como orçamento, controle de despesas e planejamento da renda. O sucesso nesta área cria bases sólidas para toda a estrutura financeira pessoal. É o componente em que o **Método das 4 Bases**® proporciona soluções mais completas e enraizadas. A gestão financeira precisa ser recorrente e, no geral, é o componente mais difícil de executar, porque está presente em cada momento da vida, em todas as decisões financeiras, conforme você viu nessas páginas. Aqui, todas as *quatro bases* são aplicáveis: *ganhar mais* foca no aumento de renda, *gastar bem* envolve a administração eficiente das despesas, *poupar certo* assegura a acumulação de reservas financeiras, e *investir melhor* orienta a escolha de investimentos adequados.

2. *Gestão de Riscos (seguros de vida e saúde)*
Foca na identificação, avaliação e mitigação dos riscos financeiros, incluindo seguros de vida, saúde e patrimônio. Os custos dos seguros patrimoniais, como casa, carro, computador e celular, por exemplo, devem sempre estar alocados no *grupo de necessidades* ao qual o bem segurado está associado. Isso é muito importante: só os seguros pessoais (vida e saúde) devem estar no *grupo 2*, da *proteção*. No mais, toda a gestão de riscos é essencial para a proteção contra eventos inesperados que podem ter impacto profundo nas finanças pessoais. *Poupar certo* e *investir melhor* ajudam a manter reservas e criar um fundo financeiro para cobrir imprevistos, enquanto *gastar bem* assegura que as despesas com seguros sejam bem balanceadas dentro do orçamento. No *sprint financeiro* de Daniel, por exemplo, identificamos a necessidade de contratar um seguro de vida para protegê-lo e garantir a segurança financeira de seu filho, caso algum imprevisto acontecesse. Para isso, Daniel recorreu a um corretor de seguros, profissional especializado na análise de riscos e na indicação das melhores opções de cobertura.

3. *Planejamento de objetivos (independência financeira e objetivos diversos)*
Trata da jornada da independência financeira em suas diferentes etapas, até aquela em que os recursos acumulados serão suficientes para que não se dependa mais da renda do trabalho, em caráter definitivo. Por isso, envolve simulações de necessidades futuras, considerando a renda a cada momento da vida, pois os nossos padrões

vão mudando de acordo com a renda. Além disso, aborda as estratégias para realizar outros projetos, sonhos e objetivos financeiros de curto, médio e longo prazos, desde a troca de um item da mobília até uma reforma, uma viagem, um casamento, um carro novo ou uma casa própria. *Poupar certo* e *investir melhor* são cruciais, conforme vimos. Usando essas bases, o **Método das 4 Bases®** fornece o GPS para navegar nesta múltipla jornada, nos ajudando a definir metas para construir um patrimônio sólido ao longo do tempo.

4. *Gestão de ativos (investimentos)*
Abrange a escolha e gestão de ativos financeiros, visando a maximização dos retornos ajustados ao trinômio risco, retorno e liquidez. Inclui a compreensão de instrumentos de investimento como ações, títulos, ETFs, fundos imobiliários, fundos previdenciários, entre outros. No *sprint financeiro* de Daniel, por exemplo, definimos que parte dos recursos realocados de categorias com baixo *indicador BIT* seria direcionada para investimentos de médio prazo, visando a viagem com o filho para os Estados Unidos. Para isso, Daniel validou e aprimorou a nossa carteira teórica com um consultor de investimentos, profissional habilitado para analisar seu perfil de risco e sugerir opções de carteiras diversificadas, no mundo real, de acordo com *term-based investing*. No caso do Daniel, essa diversificação envolveu aplicações no mercado nacional e internacional. Para evoluir o seu plano em *sprints* posteriores, Daniel precisaria avançar e direcionar parte de sua poupança para um plano de previdência. Nesse momento de avaliação e contratação de planos de aposentadoria, é preciso uma análise individualizada de fatores como idade, expectativa de vida, sistema previdenciário do país e tolerância a riscos, com a ajuda de um consultor de investimentos previdenciários, corretor de seguros ou especialista em previdência.

5. *Gestão de crédito (empréstimos e financiamentos diversos)*
Envolve a administração eficaz de linhas de crédito, empréstimos e dívidas para otimizar os custos financeiros e evitar endividamentos

problemáticos. A gestão do crédito é vital para manter a saúde financeira e evitar problemas de liquidez. Ela envolve entender os diferentes tipos de crédito, avaliar as taxas de juros, negociar condições favoráveis e, acima de tudo, ter disciplina para usar o crédito apenas quando necessário, sem comprometer sua saúde financeira, de preferência para alavancar o *ganhar mais*, conforme destacamos ao longo desse desafio. O **Método das 4 Bases®**, a partir das bases do *gastar bem* e *poupar certo*, fortalece suas finanças de modo a reduzir a necessidade de recorrer ao crédito, nos dando mais poder de negociação em situações em que ele se faz necessário. Para casos de aquisição de linhas de créditos mais elaboradas, negociações de dívidas vencidas ou portabilidades entre instituições, é importante contar com o apoio pontual de um advogado ou especialista em crédito em seu país de residência.

6. *Planejamento tributário*
Envolve a otimização da carga tributária através de estratégias eficientes de pagamentos e deduções. A gestão adequada dos impostos pode resultar em economias significativas ao longo do tempo, aumentando o capital disponível para outros objetivos financeiros. Este componente atua como um arquiteto das suas finanças, otimizando a estrutura dos ganhos e dos investimentos para minimizar a carga tributária de maneira legal e ética. Afinal, parte do dinheiro que você ganha retorna para o governo por meio de impostos, e um bom planejamento tributário pode fazer uma grande diferença no seu patrimônio a longo prazo. O **Método das 4 Bases®**, especialmente a base *gastar bem*, o ajudará a evitar gastos desnecessários na forma de impostos adicionais. No entanto, a complexidade da legislação tributária comparada exige a expertise de especialistas em internacionalização, profissionais habilitados para analisar sua situação individual, identificar oportunidades de otimização e garantir que você esteja cumprindo suas obrigações fiscais de modo correto em seu país de residência fiscal. Existem diversas estruturas no exterior, como trustes e empresas *offshore*, como a que recomendamos ao Daniel, que facilitam esse processo. Para montar

essas estruturas, existem serviços especializados que podem executar essas tarefas a custos cada vez mais acessíveis.

7. *Planejamento sucessório*
Refere-se ao planejamento da distribuição de seu legado financeiro, com foco em aspectos legais e tributários. A eficiência nesse planejamento pode evitar disputas familiares e assegurar que os recursos sejam distribuídos conforme os desejos do indivíduo. Imagine este componente como a ponte que conecta seu presente com o futuro da sua família, garantindo a transferência eficiente do patrimônio para seus herdeiros. Ele envolve decisões importantes sobre como seus bens serão distribuídos, como proteger o patrimônio de disputas e como garantir que seus desejos sejam atendidos. O **Método das 4 Bases**®, a partir da base *investir melhor*, contribui para a construção de um patrimônio sólido que possa ser transmitido. Entretanto, a elaboração de um plano sucessório eficaz exige conhecimentos específicos de leis, legislação e instrumentos jurídicos, demandando a orientação – e eventualmente a atuação – de um advogado habilitado a atuar no país em que se encontram os bens a serem transferidos.

Quando Daniel iniciou sua jornada com o **Método das 4 Bases**®, ainda não contávamos com o *coplanner* movido por IA em nossa plataforma. Trata-se de uma inovação relativamente recente. Hoje, no entanto, essa ferramenta está disponível para auxiliar nossos clientes e profissionais parceiros a navegar pelos sete componentes do PFP. O *coplanner* pode responder a perguntas sobre produtos e serviços financeiros, como seguros de vida, planos de previdência, investimentos locais e globais, além de opções de crédito. Ele oferece um guia inicial para o planejamento tributário e sucessório, além de fornecer *insights* individualizados sobre como otimizar suas finanças.

No entanto, lembre-se: as informações do *coplanner* devem ser sempre validadas e complementadas por profissionais qualificados, como os mencionados acima – até porque, apenas determinados profissionais terão a habilitação legal para agir na execução de alguns serviços. Mas o *coplanner* movido por IA é, sem dúvida, um fator que destrava e desmistifica certos serviços junto às pessoas e famílias. Em vez de substituir os profissionais, ela estimula as pessoas a buscarem serviços cada vez melhores.

Então, chegamos ao fim do nosso desafio de 30 dias com esse olhar para o futuro, para a evolução do seu plano financeiro personalizado. O **Método das 4 Bases®**, através de seus oito passos, nos equipou para dominar as bases da gestão financeira, construindo uma relação mais saudável e próspera com o dinheiro. No entanto, a vida financeira exige constante aprendizado e adaptação. Ao se conectar com os sete componentes do PFP e recorrer a especialistas quando necessário, você estará trilhando o caminho para uma vida de realizações, mas com segurança, tranquilidade e bem-estar.

RESUMO DAS AÇÕES NO PASSO 8 (Dia 30 de 30)

- Integrar os três níveis do *plano financeiro personalizado* – o essencial, o complementar e o individual – em uma estratégia coesa e flexível. Isso cria resiliência e adaptabilidade diante das mudanças da vida, permitindo que o plano evolua junto com você.

- Aplicar a *técnica RESET* (Relevante, Estimável, Suportável, Específico e Temporal) aos objetivos dentro dos grupos de necessidades. Isso ajuda a distinguir necessidades de desejos, alinhando as metas com a realidade financeira e evitando a busca por fantasias inatingíveis.

- Reavaliar periodicamente os objetivos usando a *técnica RESET*, adaptando o plano financeiro de modo regular. Essa revisão constante permite fazer escolhas mais conscientes e sustentáveis, direcionando os recursos para o que realmente importa.

- Conectar o **Método das 4 Bases®** aos sete componentes clássicos do planejamento financeiro pessoal, percebendo como ele está intimamente ligado a cada um deles. Isso promove uma abordagem holística e integrada, gerando resultados duradouros em todas as esferas da vida financeira.

15.
A CONQUISTA ESTÁ LOGO ALI

Nos capítulos anteriores, exploramos as bases financeiras para a prosperidade de acordo com o método para *ganhar mais, gastar bem, poupar certo* e *investir melhor*. Aprendemos a importância de alinhar essas ações com o funcionamento do *cérebro financeiro*, composto pela *razão, instinto, comportamento* e *motivação*.

Também descobrimos como a *síndrome do plano* pode sabotar nossos esforços, alimentada por dificuldades evolutivas, fraquezas nas *bases sociais*, ideias antiprosperidade e educação financeira inadequada. E agora que você viu o **Método das 4 Bases®**, já sabe as ferramentas necessárias para superar esses obstáculos.

UM MÉTODO ACESSÍVEL E PRÁTICO

Uma das grandes vantagens do método é que ele não requer conhecimentos avançados em matemática ou finanças. Você não precisa ser um profissional de finanças para colocá-lo em prática e colher os frutos do bem-estar financeiro, embora os profissionais que conhecem o método possam ajudar muito em diversos aspectos. Porém o método foi desenvolvido para ser acessível a todos, independentemente do nível de conhecimento ou da experiência prévia, até porque ele está totalmente alinhado com a forma que o *cérebro financeiro* funciona.

Se você seguiu os oito passos e realizou as ações propostas, pode ser considerado um *financista*, definido pelo dicionário como "a pessoa que se ocupa de finanças".[68] Também é a forma como orgulhosamente chamamos o grupo cada vez maior de pessoas que usam o *método*.

O **Método das 4 Bases**® não exige sacrifícios insustentáveis a longo prazo. Não é preciso anotar cada centavo gasto ou cortar despesas que trazem alegria e qualidade de vida. O segredo está em focar aquilo que realmente importa, utilizando um método com amplo respaldo científico, de modo que você aproveite a vida no presente enquanto constrói um futuro financeiro sólido.

Outra vantagem é que você não precisa desenvolver uma força de vontade sobre-humana para seguir o *método*. O sistema foi criado levando em consideração as limitações e desafios naturais do ser humano, oferecendo estratégias práticas para contorná-los. Com o *método*, você aprenderá a trabalhar *com* seu *cérebro financeiro*, e não *contra* ele, tornando a jornada rumo à prosperidade mais suave e sustentável.

RESULTADOS RÁPIDOS E DURADOUROS

Em apenas trinta dias, seguindo os passos apresentados, você conseguiu montar o seu *plano financeiro personalizado* usando as ferramentas que disponibilizamos. Isso significa que, em apenas um mês, você assumiu o controle do seu dinheiro e está no caminho certo para programar seu crescimento financeiro. Esse é o primeiro passo crucial para uma transformação duradoura.

Nos próximos meses, você se dedicará tanto a consolidar esse controle na forma de hábitos positivos quanto a ajustar a programação do seu crescimento financeiro. É como instalar um novo sistema operacional ou um novo algoritmo em seu cérebro financeiro, praticamente automatizando sua capacidade de tomar decisões e alcançar seus objetivos.

Não importa o quanto você já tenha sofrido com a *síndrome do plano*. Se foi alguém que estava frustrado com o zero a zero, cansado de adiar

---

[68] FINANCISTA. *In*: DICIONÁRIO Priberam da língua portuguesa. Disponível em: https://dicionario.priberam.org/financista. Acesso em: 28 maio 2024.

sonhos ou que até mesmo endividado, o *método* certamente já mudou esse panorama, caso tenha seguido nossas páginas e acessado nossas diversas atividades on-line.

Portanto, de agora em diante, durante os ciclos e *sprints* que virão, seremos capazes de avançar muito mais rápido em direção às nossas metas, construindo reservas e ampliando nosso bem-estar financeiro. Em cerca de seis meses, será possível alcançar o primeiro estágio da independência financeira ou avançar para o próximo.

Cada passo dado é uma vitória a ser celebrada, pois representa um avanço concreto em direção à sua independência financeira e aos seus demais objetivos, enquanto aumenta seu bem-estar.

MUITAS HISTÓRIAS DE SUCESSO

Ao longo deste livro, acompanhamos as trajetórias de Camila, Daniel e Sofia, pessoas reais, com histórias verdadeiras e nomes fictícios. São histórias que representam um conjunto muito maior de pessoas que abraçaram o método nesses anos. Cada uma delas enfrentava desafios únicos, mas encontrou no **Método das 4 Bases**® o suporte necessário para superá-los e prosperar.

Suas histórias de sucesso são a prova viva de que a conquista financeira não é um privilégio reservado a poucos, mas uma possibilidade real e acessível a todos que estejam dispostos a aplicar os princípios e técnicas do método.

Independentemente do seu ponto de partida, você também pode transformar sua realidade financeira e construir a vida com que sempre sonhou. Em nosso kit 4 bases (https://finan.to/kit4bases) ou pelo link no rodapé,[69] você poderá acompanhar mais detalhes dos dossiês de nossos heróis.

---

69 https://finan.to/dossies.

PRÓXIMOS PASSOS RUMO À CONQUISTA

Agora que você conhece o poder do **Método das 4 Bases®** e sabe que a conquista financeira está próxima, é hora de avançar com sua prática. Se ainda não o fez, comece hoje mesmo a usá-lo. Cada ação tomada, por menor que seja, é um passo em direção à sua independência financeira.

Haverá desafios ao longo do caminho, mas cada obstáculo superado o tornará mais forte e mais preparado para alcançar seus objetivos.

CELEBRE CADA CONQUISTA, APRENDA COM OS ERROS E MANTENHA-SE FOCADO NA SUA VISÃO DE FUTURO

Mantenha-se comprometido com seu aprendizado e crescimento contínuos. Busque sempre aprimorar seus conhecimentos e habilidades financeiras, seja por meio de novas leituras ou da troca de experiências com outras pessoas que estão na mesma jornada. Quanto mais você se dedicar ao seu desenvolvimento, mais rápido e mais longe chegará.

O **Método das 4 Bases®** é o um motor poderoso que lhe conduz nessa jornada. **Se você tem um cônjuge ou companheiro(a), ou vive com outras pessoas da família que já tenham renda, faça um convite para seguirem juntos, pois o poder desses pistões será multiplicado.** Utilize-o com sabedoria, adaptando-o às suas necessidades e circunstâncias individuais. Lembre-se de que você não está sozinho nessa empreitada. Este livro e a comunidade que o cerca estarão sempre aqui para apoiá-lo e celebrar suas vitórias.

Então, o que você está esperando? A conquista financeira está logo ali, aguardando você. Dê o primeiro passo hoje e prepare-se para uma vida de maior controle, crescimento e bem-estar financeiro. O futuro com que você sempre sonhou está ao seu alcance. Com o **Método das 4 Bases®** como guia, você tem o poder de transformar seus sonhos em realidade.

Essa liberdade é viável. Tudo o que você precisa fazer é dar o primeiro passo e começar a aplicar os princípios do **Método das 4 Bases®** em sua vida. A partir de hoje, você se torna oficialmente financista e protagonista da sua própria história de sucesso financeiro.

Abrace essa jornada com entusiasmo, determinação e fé em si mesmo. Você é capaz de superar qualquer obstáculo e alcançar qualquer objetivo que estabelecer.

O método lhe dará as ferramentas e o suporte necessários para prosperar, mas é você quem dará os passos corajosos. Prepare-se para uma transformação profunda e duradoura.

À medida que avança em sua jornada, perceberá também que os benefícios do **Método das 4 Bases**® vão muito além do aspecto financeiro. Você experimentará uma nova sensação de paz, confiança e realização pessoal, sabendo que está no controle do seu destino e construindo um futuro brilhante para si e para aqueles que ama.

Então, respire fundo, dê o primeiro passo e confie no processo, caso ainda não tenha começado. Agora você tem tudo o que precisa para transformar sua vida e realizar seus sonhos mais ousados. Sua conquista financeira está mais próxima do que nunca. Abrace-a com entusiasmo e determinação.

O **Método das 4 Bases**® é o seu companheiro nesta jornada, oferecendo o conhecimento, as ferramentas e o suporte necessários para alcançar o sucesso. Confie em si mesmo, siga em frente e prepare-se para desfrutar de uma vida de abundância, realização e paz de espírito. Vitórias antes inimagináveis estão logo ali, ao alcance das suas mãos. Vá em frente e as conquiste!

16.
O BEM-ESTAR FINANCEIRO CHEGOU

Camila, Daniel e Sofia, nossos companheiros de jornada ao longo deste livro, estão vivendo provas concretas de que o bem-estar financeiro é alcançável para todos que usam o **Método das 4 Bases**®. Suas histórias de transformação são um testemunho poderoso do impacto que o método pode ter na vida das pessoas, não apenas financeiramente.

Camila, que antes se sentia sobrecarregada e estressada com as dívidas, agora exibe um semblante sorridente e uma postura confiante quando fala de dinheiro. Ela não apenas conseguiu quitá-las em alguns *sprints*, mas também construiu uma reserva sólida investindo para o futuro. Sua pontuação no IBEFi saltou de 320 para 550 em apenas 6 meses, refletindo uma melhoria significativa em seu bem-estar financeiro.

Mas as conquistas de Camila vão além dos números. Ela relata que seu relacionamento com o marido melhorou bastante, pois agora eles podem conversar sobre dinheiro sem brigas e planejar juntos seus objetivos de vida. Isso os aproximou muito. Camila também encontrou uma nova paixão em compartilhar seu conhecimento com outras mulheres, ajudando-as a conquistar as próprias vitórias. Sua filha Alice está mais convencida do que nunca que a mãe é a nova versão da Mulher-Maravilha.

Antes em *fragilidade financeira*, agora ela tem um plano claro para manter suas finanças equilibradas e garantir um futuro melhor para sua família. Ao aplicar os princípios do *método*, ela recuperou o controle sobre seu dinheiro e descobriu uma nova sensação de paz e segurança. O cigarro, que veio apenas por conta do estresse crônico, ficou para trás. Ela e o marido já fizeram duas viagens com Alice para lugares que antes só eram possíveis em sonhos que pareciam irrealizáveis.

Daniel, antes ansioso e estressado, agora é a própria imagem da tranquilidade e equilíbrio. Ele tem um plano de investimentos sólido e diversificado internacionalmente. Sua pontuação no IBEFi subiu de 400 para 680 em apenas um ciclo de *sprint*, colocando-o firmemente no caminho da independência financeira.

Mais importante, Daniel redescobriu o prazer nas pequenas coisas da vida. Ele se tornou um filho ainda mais presente e amoroso para seus pais, além de um exemplo de responsabilidade financeira para a família. Tem sido possível proporcionar coisas para seu filho que vão além da pensão e continua ajudando os pais a pagar o plano de saúde, agora sem nenhum tipo de desconforto emocional. Antes estagnado, descobriu que é possível manter um estilo de vida confortável enquanto cresce financeiramente acumulando reservas.

Com o **Método das 4 Bases®**, ele aprendeu a iniciar uma transição gradual, realocando gastos para obter o máximo possível de cada dólar que recebe de seu trabalho para uma empresa no exterior.

Ele se apresenta com sua banda, mas agora só de vez em quando, por pura diversão. Foi em uma dessas apresentações que conheceu Julia, sua nova companheira.

Sofia, a executiva bem-sucedida que queria fazer uma reciclagem na carreira, passou a irradiar confiança em pouco mais de um ano. Ela não apenas aumentou sua riqueza líquida, mas também definiu metas ainda mais claras para seu futuro. Sua pontuação no IBEFi alcançou impressionantes 780, refletindo seu domínio das *quatro bases*. Ela é uma das candidatas a se juntar ao Samuel no grupo de nossos financistas mais bem-sucedidos de todos os tempos.

Mas a maior conquista de Sofia foi a abertura de novas possibilidades em sua carreira. O curso no exterior trouxe, além de novos *insights* e conhecimentos valiosos, um *networking* incrível com pessoas de várias partes do mundo. Ela ainda estava na metade das aulas quando passou a receber alguns convites profissionais para lugares e empresas cuja possibilidade só existia nos seus sonhos.

Seu sabático foi tão bem planejado – e bem financiado – que teve recursos até para bancar a viagem de um de seus gatos para acompanhá-la no exterior – o gatinho mais velho já havia adoecido antes de ela viajar e o cachorro ficou com seus pais, no interior.

Como já havia dito, essas histórias de sucesso são apenas algumas entre inúmeras outras de pessoas que abraçaram o **Método das 4 Bases®** e transformaram a própria vida. Elas servem como uma prova poderosa de que o bem-estar financeiro não é apenas possível, mas também transformador em todos os aspectos.

Mas eu sempre insisto que a maior prova de sucesso do método não precisa ser encontrada em histórias de outras pessoas. Ela já está contida no plano essencial em que ele se baseia, usado pelos nossos antepassados desde sempre. Ganhar, gastar, poupar e investir, com o objetivo de melhorar a vida, trouxe o ser humano para um nível de conforto material inédito, permitindo o florescimento e a existência de bilhões de vidas simultâneas que compõem esse maravilhoso mosaico de culturas que é a raça humana.

Eu sou religioso e acredito que a capacidade de agir para melhorar a nossa condição e a do mundo que nos rodeia, vinda da natureza humana, foi também um presente Dele. Mas é claro que você não precisa ser religioso para acreditar que isso existe. Basta cultivar a fé em si mesmo e nos humanos. Fé em nós, que no balanço de nossa jornada neste planeta durante milhares de anos, já provamos ter muito mais qualidades do que defeitos.

UM CONVITE PARA CELEBRAR

Se você chegou até aqui, significa que também embarcou na jornada rumo ao bem-estar financeiro. Independentemente de onde começou ou dos desafios que enfrentou, você é digno de comemorar suas conquistas.

Você é oficialmente um financista, cuidando de suas próprias finanças e das de sua família. Então, depois de algumas semanas em seu primeiro *sprint*, tire um momento para refletir sobre o quanto você cresceu desde que começou a usar o *método*.

Pense nas dívidas que quitou, nas economias que acumulou, nos investimentos que fez e, mais importante, na paz de espírito que conquistou. Cada passo dado, cada escolha inteligente, cada lição aprendida: tudo isso merece ser celebrado.

Lembre-se de que o bem-estar financeiro não se limita a números em uma conta bancária. Ele envolve viver uma vida alinhada com seus valores e propósitos, tendo a liberdade para fazer escolhas que aproximam você da felicidade. Envolve ter a tranquilidade de saber que você e seus entes queridos estão protegidos e que você está construindo um futuro significativo.

Então, comemore suas vitórias, grandes e pequenas. Compartilhe sua alegria com aqueles que o apoiaram ao longo da jornada. Agradeça a si mesmo por ter tido a coragem de embarcar nessa aventura e a disciplina para perseverar, mesmo diante dos desafios.

Seu sucesso será mais uma prova viva do poder transformador do método. Ao dominar as habilidades de *ganhar mais*, *gastar bem*, *poupar certo* e *investir melhor*, você desbloqueou seu potencial financeiro e abriu as portas para uma vida de realizações compatíveis com o que você merece.

UMA JORNADA PERMANENTE

Embora seja importante celebrar suas conquistas, lembre-se de que a jornada do bem-estar financeiro é contínua. Sua trajetória financeira terá seus momentos de triunfo e de desafio. A chave é manter-se comprometido com os princípios das *quatro bases* e adaptar-se às mudanças ao longo do caminho.

Continue a aprender, a crescer e a evoluir, tanto financeira quanto pessoalmente. Reveja o seu "edifício da prosperidade", cujo andar mais próximo e acessível é composto pelos cuidados da mente, do corpo, dos relacionamentos e da fé. E é claro que uma vida financeira melhor vai ajudar você a evoluir nisso e vice-versa, em um ciclo virtuoso.

Você não está sozinho nessa jornada. Muitas pessoas ao redor do mundo estão abraçando o *método* e trabalhando para alcançar sua própria versão de bem-estar financeiro. Este livro é mais um marco em sua difusão.

Conecte-se com essa comunidade,[70] compartilhe suas experiências e aprendizados, encontrando ainda mais suporte e inspiração.

À medida que você continua sua jornada, não se esqueça de retribuir. Compartilhe seu conhecimento e experiência com aqueles que estão começando a própria jornada rumo ao crescimento financeiro. Seja um exemplo vivo dos seus benefícios e inspire outros a acreditarem em seu potencial. Mantenha-se fiel a si mesmo e a seus valores. O bem-estar financeiro também não é destino em si mesmo, mas uma condição que lhe permite viver uma vida alinhada com seus propósitos mais elevados.

Use esse novo superpoder trazido pelo conhecimento deste *superplano financeiro*, que você domina agora, para fazer a diferença no mundo, para deixar um legado positivo e para criar uma vida que em que você esteja mais bem equipado para buscar a felicidade, que certamente não será trazida apenas por mais dinheiro na conta.

UM NOVO CAPÍTULO COMEÇA

Parabéns novamente por ter chegado até aqui e por ter tido a coragem e a disposição de passar a olhar para sua vida financeira a partir desta nova perspectiva. Com o conjunto de técnicas e conhecimentos certos, todos podem, de fato, neutralizar a *síndrome do plano*. Agora, vá em frente e abrace seu novo futuro financeiro com entusiasmo e confiança. O mundo está esperando por você e pelas incríveis coisas que você vai realizar.

Desculpe o clichê, mas eu acredito sinceramente que "o melhor ainda está por vir" para todos aqueles que estão conosco adquirindo controle, crescimento e bem-estar financeiros. Então, parabéns por sua jornada até aqui e por todas as vitórias que estão no seu caminho.

Se hoje é um clichê, alguns anos atrás acho que ainda não era. Foi quando ouvi essa expressão pela primeira vez, acredito. Samuel já tinha milhões na conta e décadas de experiência no currículo. Havia acabado de sair da condição de alto executivo de uma grande empresa global e já estava

---

70 Acesse pelo link: https://finan.to/boas-vindas.

engajado em uma nova empreitada, mesmo podendo tranquilamente parar por completo, conforme vimos.

Com sua expressão jovial, que ocultava sua verdadeira idade, ele nos contou sobre um ditado que tinha ouvido algumas vezes do seu pai: "Trabalho não envelhece, o que envelhece é preocupação". De fato, ele tinha a autoridade para dizer que o esforço positivo equivalente nas *quatro bases* funcionava, pois sua família de imigrantes chegara no país sem muito dinheiro.

E, com todo o entusiasmo de quem havia descoberto que aquilo que ele já fazia intuitivamente tinha grande respaldo na melhor ciência econômica e comportamental, ele dizia: "Pessoal, o melhor está por vir, o melhor está por vir!".

Você girou o botão e a luz acendeu. Isso significa que o bem-estar financeiro chegou! Aproveite-o, comemore-o e use-o para criar uma vida extraordinária. Parabéns!